Pius Detterbeck

Weihnacht

Mundartgedichte und Geschichten

Bibliografische Information der Deutschen Nationalbibliothek

Die Deutsche Nationalbibliothek verzeichnet diese Publikation in der Deutschen Nationalbibliografie; detaillierte bibliografische Daten sind im Internet über http://dnb.dnb.de abrufbar.
ISBN 978-3-95587-834-4

Für uns, die Battenberg Gietl Verlag GmbH mit all ihren Imprint-Verlagen, ist Nachhaltigkeit ein wichtiger Teil unserer Unternehmensphilosophie. Daher achten wir bei allen unseren Produkten auf den Einsatz umweltschonender Ressourcen und Materialien.
Dieses Buch wurde auf FSC®-zertifiziertem Papier gedruckt. FSC (Forest Stewardship Council®) ist eine nicht staatliche, gemeinnützige Organisation, die sich für die verantwortungsvolle und ökologische Nutzung der Wälder unserer Erde einsetzt.

Unsere Partnerdruckerei kann zudem für den gesamten Herstellungsprozess nachfolgende Zertifikate vorweisen:
- Zertifizierung für FOGRA PSO
- Zertifizierungssystem FSC®
- Leitlinien zur klimaneutralen Produktion (Carbon Footprint)
- Zertifizierung EcoVadis (die Methodik besteht aus 21 Kriterien in den Bereichen Umwelt, Einhaltung menschlicher Rechte und Ethik)
- Zertifikat zum Energieverbrauch aus 100% erneuerbaren Quellen
- Teilnahme am Projekt „Grünes Unternehmen“ zum Schutz von Naturressourcen und der menschlichen Gesundheit

Titelabbildung: Ivan-Kmit, 123rf.com
Abbildungen im Innenteil: www.pixabay.com;
www.freepik.com: rawpixel.com, Valeria_Aksakova

3. Auflage 2024
ISBN 978-3-95587-834-4

www.battenberg-gietl.de

INHALTSVERZEICHNIS

WEIHNACHTEN FRÜHER

Wenn ich an meine Kindheit zurückdenke, so war damals die Weihnachtszeit noch eine glückliche Zeit. Wir Kinder holten im Wald Tannenzweige, und die Eltern halfen uns, den Adventkranz mit Draht oder Schnur zu binden. „Irgendwo müssen doch noch die vier Kerzen sein, die wir letztes Jahr nicht ganz abgebrannt haben", sagte die Oma. Nach kurzem Suchen brachte sie diese herbei. Mit kleinen, selbstgebastelten Sternchen und Tannenzapfen aus dem Wald wurde der Kranz geschmückt. Am ersten Adventabend saß die ganze Familie in der warmen Küche beisammen und feierte diesen Tag. Die erste brennende Kerze zeigte uns, daß eine schöne heilige Zeit begonnen hatte. Mit einem kleinen Gebet, welches die Großmutter sprach, begann für uns das sinnliche Nachdenken.

Oft wurde schon über das Weihnachtsfest geredet. Auch Nikolausgeschichten bereicherten den Abend, wobei es uns manchmal kalt den Rücken hinunter lief. Die Zeit der Adventabende verging, und die Vorfreude auf das nahende Weihnachtsfest machte uns sehr glücklich. „Wann gibt es die ersten selbstgebackenen Plätzchen?" „Ob der Nikolaus welche bringt?" „Vielleicht sind auch Nüsse und Äpfel dabei!"

Bei bösen Buben und Mädchen war es nicht gewiß, ob sie der Nikolaus nicht in den Sack steckte. Die Oma erzählte uns, daß der Knecht Rupprecht böse Kinder in den Teich warf, so daß sie ertrinken mußten. Am Vorabend des Nikolaustages schrieben wir ihm ein Brief-

lein, das am nächsten Morgen verschwunden war. Das war für uns Kinder ein Gefühl der Freude und Angst zugleich. Es war nicht gewiß, ob der heilige Nikolaus kommt, oder der Knecht Rupprecht, oder der schlimmste von allen, der Luzifer. Angst und Freude erfaßten uns, als es soweit war. Plötzlich hörten wir ein Klirren mit Ketten und eine dröhnende Stimme ließ uns erzittern. Angstvoll verkrochen wir uns hinter der Mutter, als die erwarteten Gestalten zur Tür hereinkamen. Einer sah böse aus, es war der Knecht Rupprecht. Doch es war auch der gute, heilige Nikolaus dabei, was uns sehr beruhigte. Er wußte über uns Gutes und Böses zu sagen. Auch unsere Namen waren ihm bekannt. Jeder von uns mußte ein Gebet oder ein Gedicht aufsagen und manchmal kam dies nur mit zitternder oder heulender Stimme heraus. Anschließend schüttete er seinen Sack aus, und es kamen Plätzchen, Feigen, Äpfel und Nüsse zum Vorschein. Der Nikolaus mußte noch zu vielen anderen Kindern und deshalb verließen sie uns auch wieder. Sofort fielen wir über die guten Gaben her und Mutter mußte eingreifen, damit alles gerecht verteilt wurde. Diese Geschenke hatten für uns Kinder einen großen Wert, der heute kaum noch zählt. Wenn ich mit meinem Vater in die Stadt fuhr, merkte man kaum, daß die schöne, heilige Zeit näher rückte. Nirgends waren Lichter oder gar schon ein brennender Christbaum zu sehen. Man

sah höchstens eine Krippe mit Figuren oder es wurde Spielzeug zum Kauf angeboten. Dies war jedoch für uns zu teuer.
Das Anbrennen der letzten Adventkerze zeigte uns, der Heilige Abend war nah. Die Kerzen durften nicht zu lange brennen, denn man benötigte sie nächstes Jahr wieder. Jedes von uns Kindern hatte vor dem Weihnachtsabend noch schnell einen Wunschzettel geschrieben und auf das Fensterbrett gelegt, den das Christkind abholte. Alles war sehr geheimnisvoll und wir konnten es kaum erwarten. Oft lauschten wir oder schauten durch das Schlüsselloch, um das Christkind zu sehen, doch vergebens. Die Minuten wurden zu Stunden, bis es endlich so weit war. Wir vernahmen das Geläut eines kleinen Glöckchens und die Zimmertür wurde geöffnet. Unsere Mutter sagte zu uns: „Kommt herein! Das Christkind ist schon fortgeflogen." Welch herrlicher Anblick bot sich uns Kindern da. Ein geschmückter Baum mit brennenden Kerzen, Silberstreifen und glänzenden Glaskugeln funkelte uns entgegen. Auch Geschenke lagen unter dem Baum. Eine selbstgebastelte Krippe mit Figuren und kleinen Tieren schmückte den Baum. Jetzt teilte die Mutter die Geschenke aus. Ein Zug aus Holz, ein Reitpferd und selbstgebastelte Tiere für die Buben und eine Puppenküche für unsere kleine Schwester. Dieses Glück und diese Empfindungen können wir in der heutigen Zeit bei unseren Kindern nicht mehr finden. Wieviel Mühe und Arbeit hatten unsere Eltern für uns Kinder noch übrig. Diese Geschenke selber basteln, sägen, schneiden, bohren, bemalen und diese nicht zuletzt so zu verstecken, daß sie von uns nicht entdeckt wurden, war für die ganze Familie eine große Freude. Es gab noch selbstgebackene Plätzchen, reine Äpfel aus dem Garten und Nüsse. Wenn wir Kinder mit unseren Spielsachen genug gespielt hatten und sie kaum noch beachteten, verschwanden diese wieder, damit sie für die nächste Weihnacht ausgebessert und verschönert werden konnten. Wenn wir Glück hatten, war im nächsten Jahr wieder ein neues Geschenk da- bei. Große Zufriedenheit herrschte damals unter uns Kindern.
Diese Zufriedenheit ist heute kaum noch zu finden.

GEDANKEN ZU WEIHNACHTEN

Geh,
was rennst de en da Stadt so
abe, bleib liaba dahoam
und schau de um,
denk nach
üba dei Leb'm,
übaleg,
was'd guat macha ko'st,
wer de braucht,
dei Arbat,
oda goa dei Liab,
dein Fried'n am Heilig'n
Abend, geh in di
und dou bet'n.
Vielleicht gibt da s'Christkindl
sein Seg'n,
willst abl mehr,
wou duast an all's hi,
wenn's amal soweit is,
schlimm gnua is,
wennst ohne Liab fort muaßt,
nur d'Liab bringt as Leb'm,
d'wahr Liab.
Im Herz muaßt as trag'n
und soviel pfleg'n.
Bist launisch
oda geizig,
bist neidisch
oda goa ohne Liab,
hast a hart's Herz,
is all's so trüab,
drumm dua d'Liab pfleg'n
und halt's im Herz,
paß d'raf af,
schnell duat's da davo
und z'ruck bleibt da Schmerz.

WEIHNACHTLICHE BEOBACHTUNGEN

I geh en d'Stadt und schau ma all's o,
d'Leut, wia's rump'ln und hetz'n a so,
wia's nehma a jed's Ding en d'Händ,
weil's d'Neugier goa a so drängt.
All's möcht'ns hab'm, wichtig s'is da,
wenn's a koana mehr o'schaut nach an Jahr.
De blaua Scheine wechs'ln schnell an Besitza
und vo'schwind'n in da Kasse wia a Blitza.

D'Hast und d'Hetz macha eahna goa nix aus,
liaba hab'ms an Infarkt und s'Krankahaus.
A Gedränge is an de Vo'kaufsständ,
s'is nimma sche,
da Stoarke kummt durch und da Schwache muaß geh.

A so san d'Mensch'n, oft kenna's nur Gier,
vo'gess'n doan's d'Wahrheit,
vo'gess'n doan's d'Liab.
Sie leb'm am wahr'n Sinn da Wahrheit vo'bei,
am liabst'n is eahna da Reichtum und d'Schenkarei.

Nur wenn's na krank werd'n, na san's staad,
wenn's Kopfweh hab'm oda da Bauch recht blaht,
oda wenn's goa unheilbar san krank,
na is schnell vo'gess'n was Reichtum und Glanz.

Plötzlich erkenna's,
daß no andere Werte san da,
daß d'Liab und Z'fried'nheit so wunderbar.
Sie find'n an Herrgott und d'wahr Liab
und glei is nimma so fad und so trüab.

WEIHNACHT

Staad wird's draußt,
d'Natur fangt s'schlafa o,
ganz weiß wird all's herg'richt
für Weihnacht'n scho.

D'Liab kummt zu de Mensch'n
und geht tiaf ens Herz,
man woaß net genau wou's herkimmt,
doch sie macht an Schmerz.

Am Adventkranz flackern d'Kerz'n,
d'Finsternis wird vo'drängt,
de kloana Kinda hocka ume,
weil's goa so sche brennt.

S'Kripperl wird scho herg'richt
und a schöna Bam wird no g'holt,
G'schenka werd'n no ei'ka'ft
für jung und für alt.

Na g'schiehgt s'grouße Wunda,
s'Jesuskind wird gebor'n,
es is af d'Welt aba kumma,
daß man et san vo'lor'n.

DA NIKOLAUS

Vata schau, Vata schau,
da Nikolaus kimmt,
er foahrt vom Berg aba
goa so g'schwind.
Er kummt daher
mit Sack und Pack,
mit grouß'n Schlin
im Pferdetrapp.
An rout'n Mant'l hot a o,
der ei'g'samt ganz weiß,
a so kummt a daher
im tiaf'n Schnee und Eis.
Da weiße Bart
is so buschat und lang,
der hängt eahm a glei abe
bis af Deichs'lstang.
Sei route Zipf'lmütz'n
leucht vo weit'n
wie a Stern,
man duat'n mit da Goaßl
scho schnalz'n hör'n.
Wenn a na da is
und duat mi frag'n,
warum i allaweil
mei Schwesterl dua schlag'n.
Und s'Liang,
saust eahm schnell
durch'n Kopf,
des is a Sach,
des se g'wiß a net lohnt.
Und imma dua i
gecha meine Eltern red'n,
na ja,
s'wird ma scho nix g'schehng.
Doch plötzlich steht a scho vor
da Tür,
i hör scho a Kett'ngeklirr.
Genau a so, wia er sich hot all's
gedacht,
hot'n na da Nikolaus g'fragt.
Am Schluß war na all's wieda
guat,
bleibt's g'sund, sagt a
und macht eahm Muat,
na schütt a no sei Sackl aus
und es fall'n viel schöne Sach'n
raus.

DA NIKOLAUS

I woaß net ganz genau,
wer da im tiaf'n Schnee,
en da Finstanis
da afe stampft en d'Höh.

Knirsch'nde Schritte hör i
und a Kett'ngeklirr,
so als war scho
da Nikolaus hier.

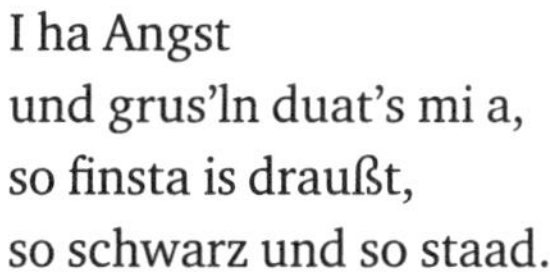

I ha Angst
und grus'ln duat's mi a,
so finsta is draußt,
so schwarz und so staad.

Da Knecht Rupprecht wird's sa
mit sein Schlin,
er hot bestimmt an Franzl
en Sackl drin.

A so geht's de Kinda,
de goa so bais san,
da Knecht Rupprecht steckt's
 en Sack ei
und scho san's vo'lor'n.

WEIHNACHT

G'spürt's es im Herzerl drin?

G'spürt's es im Herzerl,
wia's ruckt und zuckt,
man siehgt's net,
man g'spürt's grad a so,
bald is a kloan's Kindl do.

Irgendwo im Stall
soll a grouß Wunda g'schehng,
schnell geh ma hi,
daß mas a sehng.

Dort schau, a Liachtl im Stall,
d'Leut renna hi vo übaall,
dort moan i, is des Wunda g'schehng,
d'Leut knian se hi und doan bet'n.

Dort schau! Am Himm'l a Stern,
s'is a Eng'l, er duat zum Stall herfliang,
pack zamm Maria, sagt a, dua schnell davo,
da Herodes is am Ort bald do.

A so is Kindl g'rett word'n, da
Herr hot's so g'wollt,
es is ja sei Kindl,
des er af d'Erd'n hot g'holt.

WIE ICH ZUM CHRISTBAUM WURDE

Acht Jahre stand ich an einer schönen, ausgesuchten Waldecke. Die Sonne belächelte mich an schönen Tagen von früh bis spät. Ich hatte eine schöne gerade Figur. Meine Äste waren gleichmäßig nach allen Seiten ausgebreitet. Ich war ein schönes, junges Fichtenbäumchen geworden. An jenem Nachmittag hatte ich zum ersten Mal richtige Angst empfunden. Ein Mensch ging an mir vorbei und betrachtete mich von allen Seiten. Zuerst freute ich mich sehr und war auf meine Schönheit sehr stolz. Doch plötzlich durchfuhr mich ein schrecklicher Gedanke. Bald ist Weihnachten, und wenn dieser Mensch wiederkommen sollte und mich abschneidet, dann ist es mit meinem Leben vorbei. Diese Angst ließ mich nicht mehr los, und als es zu dunkeln begann, hörte ich plötzlich Schritte. Der Mensch kam wieder und betrachtete mich abermals. Ich dachte: „Jetzt bist du verloren, aus, vorbei ist es mit deinem Leben." Er stand vor mir und schaute ängstlich nach allen Seiten. Er umkreiste mich, nahm seinen Spaten und stach um mich herum tief in die Erde. „Oh weh, er schneidet mir einige Wurzeln ab."
Mit einem scharfen Ruck riß er mich aus der Erde, husch – und schon war er mit mir fort. Doch ich war nur leicht verletzt und hatte kaum Schmerzen. Bei ihm zu Hause stellte er mich in eine schöne vorbereitete Kiste, umgab meinen Wurzelstock mit Erde und gab mir Wasser zu trinken. „Vielleicht muß ich gar nicht sterben", dachte ich mir.

So stand ich nun einige Tage und meine Verletzungen schmerzten kaum noch. Der Mensch pflegte mich, und eines Tages trug er mich in sein schönes, warmes Zimmer. An diesem Abend schmückte er meine Äste mit vielen bunten Kugeln und hing glitzernde Sachen an meine Zweige. Meine Äste wurden mit Kerzen geschmückt. Dann wurde mir bewußt, daß ich in einen lebenden Christbaum verwandelt worden war. Spät abends bekam ich noch einmal Wasser und wurde wieder von allen Seiten betrachtet, wobei ich ein inniges Lächeln nicht verbergen konnte. Ich erlebte das Christbaumdasein in einer schönen Art und Weise, von welcher alle anderen Bäume sehr viel Angst haben. Später hörte ich plötzlich viele Stimmen, und sogleich traten viele große und kleine Menschen ins Zimmer und bewunderten mich. Sie staunten über meine Schönheit, denn ich war bunt geschmückt. Meine Angst war ausgelöscht, denn nun wußte ich, daß ich weiterleben durfte. Ich wurde fotografiert und immer wieder aufs Neue bewundert. Vierzehn Tage schmückte ich diesen Raum und wurde inzwischen wieder ganz gesund. Man nahm mir meinen Schmuck wieder ab, und der Mensch trug mich in seinen Garten. Ich freute mich sehr, als ich sah, daß er ein Loch grub und mich dann neben den anderen Bäumen einpflanzte. Mit viel Wasser und Erde umgab er meinen Wurzelstock und gab mich somit der Natur zurück. Ich bekam einen schönen freien und sonnigen Platz, was mich für meine Schmerzen ganz entschädigte. – Jetzt kann ich wieder weiterwachsen und ein schöner, großer Baum werden und meine Aufgabe erfüllen. Die Menschen sind doch rücksichtsvoller mit uns Bäumen geworden. Früher hatte man uns einfach abgeschnitten und somit getötet. Wenn meine Nachbarn im Wald nur von meinem Erlebnis wüßten und welche Ehre mir zuteil geworden war, dann hätten sie weniger Angst vor der Weihnachtszeit. Ich hoffe, daß ich auf diese Weise nächstes Jahr wieder einen Nachbarn bekomme, der dieselbe Geschichte erleben darf.

ADVENTSZEIT

Eisig kalt is draußt,
schogar de Mensch'n graust,
d'Vogerl vo'stecka se
vor da Kält'n und vorm Schnee.

Drinnat en da warma Stub'm
duat s'Kerzerl brenna
und des g'schmolz'ne Wachs
duat so sche aba renna.

A schöne Zeit kündigt se an,
d'Mensch'nherz'n werd'n
aufgetan,
d'Liab macht
se aitzt übaall breit
en da heilig'n Weihnachtszeit.

ADVENT

Wenn d'erst Adventkerz'n
brennt, geht d'Liab umanand,
d'Engerl nehma's mit und
trag'ns en Himm'l dann.

Sie geb'ms an Himm'lvata,
der schickt d'Liab z'ruck,
na g'spür'ns a d'Mensch'n,
wia's ens Herzerl eine druckt.

Des Glück und des G'fühl
griagt nur wer's wirklich will,
d'Weihnachtsliab
doan d'Engerl sag'n,
doan mir de Mensch'n
ens Herzerl trag'n.

WEIHNACHT

G'spürt's es scho,
wia d'Liab afs Herzerl druckt,
a Wunda soll bald g'schehng,
es macht s'Herzerl ganz vo'ruckt.

Wia sche aitzt all's herg'richt wird
draußt en da Natur,
wia rein und weiß all's wird
in Feld und Flur.

Ganz staad wird's draußt,
all's wart, weil a Wunda soll g'schehng,
a kloans Kindl soll af d'Welt kumma
und en Kripperl soll's drinn lieg'n.

A Freud packt d'Mensch'n,
ja, schogar d'Natur richt se ei,
af des Ereignis,
des bald soll sei.

S'Kindl soll d'Hoffnung bringa,
d'wahr Liab und s'ewig Leb'm,
da Herrgott soll des Wunda schenka,
des af da Erd'n da soll g'schehng.

ADVENT

Festlich ist der Abend
im Lichterglanz,
die erste Adventkerze
leuchtet uns an.

Schnell kommt die schöne Zeit,
so heilig und so bereit,
Kerzen zählen die Tage
der nahenden Weihnachtszeit.

Freude und Schmerz
besuchen jetzt das Herz,
in Gedanken und Güte
schenkt Advent Liebesschmerz.

Niemals hat Reichtum
soviel Freude geschenkt,
wie dem Menschen die Liebe
das Christkind jetzt bringt.

I BRING DA EBS

Was willst vo mir,
wer bist'n du?
I – wer i bi?
Ja wer bi i scho,
i bi halt d'Liab.
Ja und wos willst vo mir?
Zu dir will i,bloß zu dir,
en dei Herz will i ei,
sonst will i nix.
Wos'd eba da drinn willst,
da is doch nix?
Ja drumm will i ja ei,
weil nix drinn is.
I bring da bloß ebs.
Wos na, ha?
D'Liab bring a da,
daß'd g'sund bleibst.
S'Liachtl schenka da,
daß'd wieda ebs siehgst.
A G'spür bring a da,
daß'd wieda ebs fühlst.
An Glaub'm griagst a,
daß all's wieda leichta geht.
D'Hoffnung schenka da,
daß'd aus dir ebs machst.
A Kraft griagst,
daß'd Schwache helfa ko'st.
S'Läch'ln bringa da,
daß wieda a Freud ei'kehrt.
An so an Krampf,
des gibt's doch all's goa net.
Wous'd eba du des all's her
haist!
Wou i des all's her ha,
ja, des ko a da scho sag'n,
natürlich vo da Liab ha is,
b'sonders aitzt,
vo da Weihnachtsliab.

DRAUSST EN WALD

Da Jaga foahrt no schnell en Wald min Schlin,
a Heu und Rana hot a hint drinn.
Er duat's en d'Foudakripp'm leg'n,
denn sonst war s'Fouda für's Wild viel z'wen'g.

Wia a hi kummt, renna d'Reh ausanand,
es war'n mindest'ns a Stuckara zwanz'g,
ja soviel Reh, denkt a se,
ha i an da Foudakripp'm a no net g'sehng.

Doch plötzlich hört a an leis'n Schrei
da aus da Kripp'm, da aus'n Heu,
ei'packt en alte Hadern
siehgt a a Kindl lieg'n,
da moant a glei, a Wunda is g'schehng.

Er nimmt's am Arm und tragt's glei hoam,
a Wunda is, daß net dafror'n,
doch er woaß, daß d'Rehlein war'n,
sie hab'm dem Kind g'macht recht warm.

A Muatta hot's einfach en d'Kripp'm g'legt,
daß es nimma hört und nimma siehgt,
so san manchmal d'Mensch'n,
sie doan s'eigene Fleisch und Bluat hergeb'm,
doch stellt's euch amal vor,
sowas war min Jesuskind g'schehng.

Eine Weihnachtsgeschichte

DA CHRISTBAUM

„Du Wastl“, sagt d’Bäuerin, „heut is scho da Heilig Abend und du hast abl no koan Christbam, muaßt halt aitzt glei zum Förster foahrn.“ „Ja, ja, i werd scho no oan griang“, moant da Wastl und macht se am Weg. Wia a scho s’fünfte Mal min schwar’n Türklopfa an d’Tür one schlagt, bellt zwar da Hund, doch af ’g’macht wird eahm net. Da Förster wird halt net dahoam sa, sagt a se und geht wieda hoam. Es is scho da Heilige Abend und i ha abl no koan Christbam. A Bam mou her und wenn i oan stehl’n mou, a Bam mou her. Wia as da Bäuerin sagt, schimpft’s glei und sagt: „Zum Bamstehl’n werd ma net ganga, sowas gibt’s bei mir net. Grad recht g’schiehgt da, na hab’m a halt heua koan Bam, aba stehl’n, sowas gibt’s bei mir net, davo will i nix wiss’n. I ha da’s scho a boamal g’sagt, du sollst an Bam hol’n!“
Da kloa Franzl hört durch d’Tür seine Eltern beim Streit zua und geht dann glei en Hof auße. Er ziagt an Vatan sei alte dicke Wintajopp’m o, de eahm bis am Bod’n abe hängt, seine Wintastief’l und a warme Pud’lmütz’n. Schnell holt a no s’Hackl aus’n Schupfa und stampft im houha Schnee in d’Richtung Wald fort. Acht Jahr is a alt und scho zum Christbam hol’n untawegs. Nach a halb’n Stund erreicht a an Wald. Ängstlich schaut a umanand und er halt’s Hackl kampfbereit, denn es kannt ja a groußa Hund oda goa a Wolf daher kumma. Vo’la’fa ko a me net, denkt a se, denn mei Spur is im Schnee deutlich zum sehng. Tapfer stampft a weita und erreicht a kloans Dickicht. Plötzlich zuckt er furchtbar zam, s’Hackl fallt eahm aus da Händ,

denn a Rehbock bricht vom Dickicht außa. Wia a jedoch siehgt, daß a Rehbock is, da beruhigt a se schnell wieda und er schaut glei nomal hi, denn grad duat, wou da Bock außa is, steht a schön's kloans Christbäuml. A grouße Freud hot a aitzt, denn er hot an Christbam g'funna. Schnell geht a hi und haut'n ab. Und mir griang doch an Bam, freut a se aitzt und macht se am Hoamweg. Af oamol is d'Angst wieda da. Finsta wird's scho und wia a de alte Eich'n erreicht, setzt a se hi und macht a kloane Rast. Ins houhe Gras setzt a se und schlaft glei ei. Des Geh im houha Schnee und s'Bam a'haua war halt doch recht schwar und vor allem de Angst, so ganz aloa im Wald, da hot a scho a kloane Rast macha müaß'n. An Bam halt a en da Händ, so, als wollt'n eahm oana wegnehma.
Wia am Abend da Franzl imma no net dahoam is, macht se d'Bäuerin grouße Sorg'n und sagt: „Du Wastl, vielleicht hot uns da Franzl heut Nachmittag beim Streit um an Christbam zuag'horcht und er is vielleicht selba um an Bam ganga!" „Ja, des kannt sa, Bäuerin. Schnell hol d'Latern vo da Kamma uma, na suach ma glei." Wia's hintern Haus san, sehng's im Schnee a kloane Fußspur. Sie folg'n ihr und scho nach zwanz'g Minut'n schreit da Wastl: „Dort Bäuerin, schau, dort unta da Eich'n liegt da Bua!" Schnell nimmt a sein liab'm Buab'm am Arm und geht hoam. D'Bäuerin nimmt an Bam und s'Hackl und geht hint nache. „Guat", sagt da Wastl, „daß net kalt is, sonst war a uns no dafror'n a, der Lausa der."
Bald war'ns en a warma Stub'm und da Bam war schnell herg'richt und g'schmückt. Doch da Franzl hot de graißte Freud, denn er hot an Bam selba g'holt.

I DUA SCHO ÜBALEG'N

G'spürt's es liabe Leut,
wia se s'Herzerl aitzt
b'sonders freut.

Hoff'ntlich duat ma s'Christkindl
a boa G'schenka bringa,
brav war i ja fast imma.

A schöna Schlin war halt mei Tram
und guate Platzl
aba vom Christbam.

D'Kerz'n soll'n aus Wachs wieda sa,
weil s'Liachtl so sche flackert na.
I ha ma a scho übalegt,
wos i mein Brüaderl heua schenk.

Für a Bildabaichl und an Wag'n,
dua i s'Geld scho beiananda hab'm.

Meine Eltern dua i a ebs geb'm,
doch wos, des mou i erst sehng.

A Briaferl ha i a scho g'schrieb'm,
hoff'ntlich duat'n s'Christkindl sehng,
wenn en afs Fenstabrettl dua leg'n.

EINE KLEINE GESCHICHTE

Gemütlich sitze ich einen Tag vor dem Heiligen Abend mit meinen Kameraden in unserer Wirtschaft. Jeder von uns ist schon in guter Stimmung. Wir sind eine gemütliche Stammrunde und erzählen uns Witze und Geschichten. Als der Hubert mit dem Erzählen an der Reihe ist, sagt er: „Ich habe gestern in unserer Firma einen Preisschafkopf mitgespielt und was glaubt ihr, was ich gewonnen habe?" Wir schauen ihn überrascht an, denn wir konnten es uns nicht denken, was er gewonnen hat. „Ich war der Schlechteste", erzählt er weiter, „und habe als Trostpreis einen Stallhasen gewonnen." Erst schauen wir alle ganz verblüfft drein, doch dann bricht allgemeines Gelächter aus.

Ausgerechnet der Hubert als Hasenzüchter gewann einen Stallhasen. Plötzlich steht der Franz auf und verläßt die Wirtschaft. Niemand bemerkte sein Verschwinden, und schon nach 15 Minuten kehrt er wieder zurück und setzt sich auf seinen alten Platz. Der Hans hat gerade seine Kurzgeschichte beendet, als der Franz aufsteht und sagt: „Liebe Freunde, da ich auch ein Kaninchen daheim hatte, habe ich es geholt, und zur Gaudi werde ich es jetzt versteigern. Das Geld werden wir anschließend versaufen." Schon holt er einen Karton hervor und zieht den Hasen heraus. Wir lachen alle über den Spaß und die restlichen Gäste versammeln sich um uns herum.

„Was willst denn mit deiner dürren Ziege?" schreit jetzt der Hubert. „Die sieht ja halb verhungert aus! Hast ihr wohl nichts zu fressen ge-

geben? Du mußt dir einmal meine Hasen anschauen, dann siehst du, wie ein Stallhase aussieht.“

Jetzt mußte der Franz, den Hasen immer noch am Pelz haltend, laut auflachen, doch dann begann die Versteigerung. Zuerst bot einer eine Mark, dann zehn und schließlich ein anderer fünfzehn. Plötzlich schreit der Hubert dazwischen: „Ich biete für diese dürre Ziege zwanzig Mark, denn bei mir bekommt sie wenigstens etwas zu Fressen!“ Wir waren alle still geblieben, und sofort legte er die zwanzig Mark auf den Tisch. Wir bestellten davon zwei Runden Schnaps, doch der Hubert nahm seinen Hasen und brachte ihn nach Hause. Als er fort war, sagte der Franz: „Jetzt hat er es aber eilig, seinen Hasen wieder in den Stall zu bringen!“ Wir schauten uns ganz verdutzt an und plötzlich verstanden wir, was er meinte, denn der Hubert hatte seinen eigenen Stallhasen ersteigert, den ihm der Franz aus dem Stall geholt hatte. Wir mußten immer an den Hubert denken, wenn er feststellte, daß er seinen eigenen Hasen gerade im Wirtshaus ersteigert hat. Er wird wohl für den Namen „Hase“ nicht mehr den Kosenamen „Dürre Ziege“ verwenden.

S'KERZERL LEUCHT DURCH'S FENSTER

Im Winta, wenn d'Eisbluma
d'Fensta vo'zier'n
und d'Kerzerl durch strahl'n,
na kummt da Nikolaus
und s'Christkindl a bald.

S'Liachtl leucht außa,
ins unendliche Weit,
sie bringt de Mensch'n näher
die Weihnachtszeit.

D'Kinda freu'n se
und gehnga am Fensterl vo'bei,
denn d'Liab leucht außa
zwisch'n de Bluma aus Eis.

Liacht werd,
erkennas,
s'is bald soweit,
sie kummt imma näher,
de heilige Zeit.

Plötzlich brenna zwoa Kerzerl,
dann drei und na vier
und d'Kinda g'spür'n d'Liab
de außa strahlt hier.

Endlich brennt's vierte Kerzerl
durch d'Eisbluma hindurch,
all's aus Liebe,
zur Christ'Geburt.

WEIHNACHT

Viel Mensch'n gibt's,
de kenna koa Weihnacht'n,
sie doan bloß guat leb'm,
sie sorg'n für's leibliche Wohl,
denn was soll a scho g'schehng.

Sie ess'n und trinka
und sag'n, da Herrgott is a guata Mo,
d'Hauptsach, mir leb'm guat,
er is ja af da Erd'n eh net do.

Sie g'spür'n koa Liab mehr,
s'Wunda, sag'ns is scho lang her,
all's is eahna z'wen'g
und glaub'm doan's scho lang nimma mehr.

S'Herz, des is lar
und d'Liab is scho lang dout,
sie kennas scho nimma anders,
net amal eahna eigne Nout.

Dabei is doch d'Liab all's,
sie duat s'Leb'm so pfleg'n
und grad an Weihnacht'n,
wos s'liabst Wunda is g'schehng.

WOASST, WIA'S BEI DIR AUSSCHAUT?

Hast as g'spürt,
en da Christnacht, „d'Liab",
oder –
bist bloß drinnat g'sess'n en da Kirch,
daß'd a drinnat bist?
Wolltst vielleicht dei neu's G'wand herzoang,
oder –
hast as vielleicht doch g'spürt,
wia d'Liab zu dir kummt?
Wenn'sd as o'nimmst,
vom Jesuskindl.
G'spürst den Fried'n,
der durch dei Hoamat ziagt,
wia's abl staada wird
und de Liachta,
de alle so sche brenna,
oder –
laßt vorm Haus am Bam bloß Kerz'n brenna,
daß'd affallst,
oder –
andere moana, wer'sd eba goa bist,
oder –
vielleicht soll's a bloß a guate Reklame sa,

für dei G'schäftl,
oder –
g'spürst vielleicht doch d'wahre Liab,
de vom Kindl kummt,
oder –
was red'st und gibst a so o,
sollst liaba bet'n und nachdenka,
woust her kummst
und wos'd amal hi moust,
wenn's amal soweit is?
Vielleicht schreist amal nach'm Kindl,
daß da hilft en deina Nout.
D'Liab is,
des'd fina muaßt,
sonst nix,
bloß d'wahr Liab,
na is s'Kindl bei dir,
wenn'sd as amal brauchst.
S'Kindl is nämlich d'wahr Liab,
falls'd as net g'spürst.

WENN'S BLOSS WIEDA A CHRISTKINDL GAB

I will's abl no net recht glaub'm,
daß Christkindl nimma duat
zum Fensta eina schaung.

Alle Jahr ha i mei Briaferl
afs Fenstabrettl g'legt
und en da Früah,
war's a jed'smal weg.

Beim Glöckerl läut'n,
da ha es doch a scho g'sehng
und wia's auße is zum Fensta
und fort min Schlin.

Wou kumma na allaweil
de G'schenka her,
s'Wag'l, s'Auto, d'Pupp'nküch
und des G'schirr?

I will's halt abl no net glaub'm,
daß all's bloß war a Kindatraum.

Am heilig'n Abend
is nimma sche,
de ganze Freud is weg
und d'Liab dahi.

Wenn's doch bloß wieda
a Christkindl dat geb'm,
na war's am heilig'n Abend
a wieda schön.

A BOA ZWEIGERL HA I G'SCHNI'N

A boa Zweigerl ha i g'schni'n
am Barbaratag,
sie hab'm bloß a biß'l zuckt,
aba nix g'sagt.

O'g'schaut hab es,
dabei aba nix b'sonders g'sehng,
außa de braune Rind'n
und Knosp'n, de schwell'n.

I hab's na glei ens Wassa do,
daß net sterb'm müaß'n,
sondern kumma davo.

Doch plötzlich,
s'war nach a kurz'n Zeit,
da siehg i af oamal volla Freud,
kloana Blüah,
so weiß und so rein,
als tät aitzt scho s'Frühjahr sein.

Doch i ha de schöna Zweigerl täuscht,
denn durch's Wassa und d'Wärm
hab'ms g'moant,
s'Frühjahr duat werd'n.

WEIHNACHT

Wia nackat d'Astl en Himm'l schaung,
denn s'Laub is eah davo,
da Rauhreif hot's ganz weiß g'macht,
ganz weiß, für Weihnacht'n scho.

A schöna Christbam steht
en da warma Stub'm
und route Äpf'l hänga dro,
d'Strouhstern hänga aba
und d'Wachskerz'n brenna scho.

Drunta steht a schöne Wiang
und s'Kindl liegt af Strouh und Heu,
d'Maria und da Josef knian dort
und bet'n zum Kindl ei.

G'schenka lieg'n untan Bam,
ei'packt en a rout's Papier mit Stern,
normal g'hör'ns an Jesuskindl,
doch heut doan's unsere Kinda griang.

Alle Mensch'n doan bet'n
zum Kindl en da Wiang,
gern gab ma eahm de G'schenka,
doch d'Liab kos vo uns griang.

BRAUCHTUM EN DA CHRISTNACHT

En da Christnacht hot da Baua
a Salz en Foudatrog ei'geb'm,
s'is für Kraft und G'sundheit g'wen.
Kräuta war'n damals no de beste Medizin,
sie hab'm vo de Veicha
d'Krankheit vo'trieb'm.

En Spätsomma hot d'Bäuerin d'Kräuta g'schni'n
und am G'sotbod'n afg'hängt bis drucka san g'wen.
S'Wermutkraut war gecha s'Blahn
und da Beifuß für d'Kraft,
sie hot d'Bäuerin abl
am G'sotbod'n obm g'habt.

A Broutkuacha, extra bacha für s'Veich,
hot en da Christnacht niamals g'fahlt.
D'Bäuerin hot an Stall no
mit Weihwassa ausg'spritzt,
s'war gecha Krankheit, Unglück und Gicht.
Mit Weihrauch hot ma no
de bais'n Geister vo'trieb'm,
de en Haus und Stall san g'wen.

De ledig'n Madl hab'm en da
Christnacht Ess'nsreste en Hof auße do
und vo wou da Hund herbellt hot
is kumma, da zukünftige Mo.

A' Luzier hot's damals a no geb'm,
sie is en da Christnacht
untawegs no g'wen.

Das a net zu de Veicha en Stall ei'ko,
hot ma eahm vor d'Stalltür
an Melkschem'l hi do.
Des hot g'hoaß'n,
Luzier i bitt de recht sche,
dou ma net en Stall eine geh.

A so war freiha da Glaub'm,
Brauchtum und s'Leb'm,
sie hab'm no zammg'lebt
und s'war für alle a Seg'n.

S'CHRISTKINDL SUACHA

Sechs Jahr is a alt
und scho aloa en Wald,
durch'n houha Schnee duat er geh,
denn er will s'Christkindl sehng.

Suacha duat as übaall,
en Haus, en Hof
und draußt en Wald.

Min Schlin, hot sei Muatterl g'sagt,
is untawegs,
er woaß g'wiß,
daß as a no sehgt.

Doch wia a wieda hoam kummt,
da is sei Briaferl weg,
des er beim Fortgeh
afs Fenstabrettl hot g'legt.

Aitzt lacht sei Herzerl,
weil as g'wiß woaß,
s'Christkindl hot's g'hört,
sei bitt'ndes Wort.

WEIHNACHT IST NAH

So lieblich und zart
wie die Rosenblüte
fühlt jetzt das Herz,
in der schönen
Weihnachtszeit,
spürt es doch
Liebesschmerz.

Lieblich, so schön
wie die Drossel singt,
hört man im Lande,
das Weihnachtslied
erklingt.

Nur Liebe und Freude
zaubert das Herz hervor,
es klingen die schönsten
Lieder so lieblich im Chor.

HÖRET DIE STIMMEN

Höret die Stimmen
im Chorgesang,
sie erfreuen die Herzen
mit Weihnachtsklang.

Sie singen mit Liebe,
denn Weihnacht ist nah,
geboren das Christkind
zu Bethlehem war.

Umjubelt von Menschen
und Tieren im Stall,
lag das Kindlein
in der Krippe
auf Stroh und auf Heu.

Er errettet uns Menschen
vom ewigen Tod,
weil Gott uns seinen Sohn
gab in unserer Not.

WEIHNACHT EN DA HOAMAT

Mei liaba Ort,
wia bist du sche,
wenn i
durch de Gass'ln geh.

Liachta brenna
zur Weihnachtszeit,
sie erfreu'n d'Herz'n
vo de Leut.

Im Schnee glitzert all's
hell und weiß,
denn s'Christkindl
is nimma weit.

A d'Kinda jub'ln
volla Freud,
weil's goa so sche
aba schneit.

D'sche Kircha is g'richt
für d'Heilige Nacht,
denn drinn wird na
s'Kindl af d'Welt bracht.

D'Liab geht um
und tränkt as Herz,
a jeda g'spürt
nach'n Kind an Schmerz.

Spät am Abend
is na soweit,
denn s'Brot und da Wein
werd'n no vo'dalt.

So gehnga viel
an recht'n Weg,
zum Herrgott hin,
ens ewig Leb'm.

SCHE HERG’RICHT FÜR’S KIND

Staad is g’word’n,
s’wachst nix mehr,
all’s ruaht se aus,
a s’Leb’m in da Erd’n.

Da Vorrat is o’g’legt
für de kalte Zeit,
da Frost hot all’s g’fror’n,
all’s hot’s zuag’schneit.

Sche is d’Natur herg’richt,
ganz weiß is da Wald,
dort find’n alle Tiere
an Schutz vor da Kält.

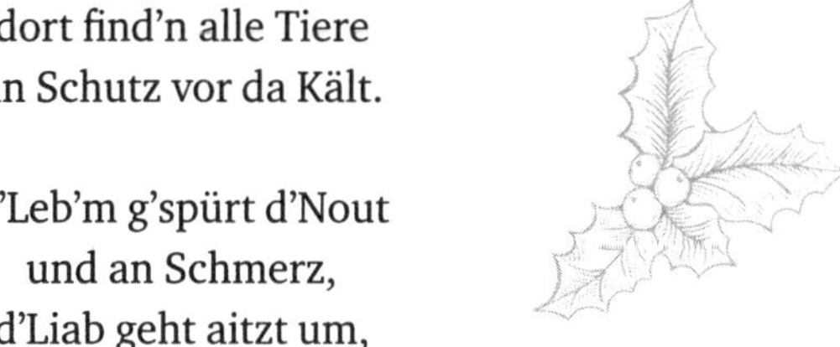

S’Leb’m g’spürt d’Nout
und an Schmerz,
d’Liab geht aitzt um,
weil’s Weihnacht bald werd.

All’s freut se af de Geburt,
af des rettende Kind,
des d’Liab allen gibt,
wer’s von Herz’n gern nimmt.

SCHAU FRANZL

Horch, psst, sat's doch still,
i glaub,
daß s'Christkindl
zum Fensta eina will.
Schnell Franzl mach's af,
wir war'n doch abl so brav.

Vielleicht bringt's da a Dreiradl
und mir a schöne Pupp'nküch,
denn i ha doch a Briaferl g'schrieb'm,
was i mir wünsch.

Es is bloß schad,
daß mas net derf sehng,
wia's Muatterl sagt,
derf des net g'schehng.

Vielleicht hab'm ma Glück
und s'kummt a zu uns
mit a boa G'schenka,
i dat's ganze Jahr
an s'Christkindl denka.

Was de zwoa net wiss'n,
des is daweil g'schehng,
s'Christkindl is mit de G'schenka
in da guat'n Stub'm hint scho g'wen.

DA CHRISTBAM

Glitzernd steht da Christbam am Fensta,
wia volla Eng'lhaar,
vom Christkindl g'schmückt
für s'heurige Jahr.

D'Fensta san mit Eisblumen zuag'fror'n
und da Franzl hot a Guckloch ei'g'haucht,
damit a beim Schlinfahr'n an Bam siehgt,
wenn a zum Fensta eine schaut.

Doch d'Freud kannt schnell goa sa,
wenn da Bam war nimma da,
der so glitzernd vorm Fensta steht,
grad wia a Eng'lhaar.

Und erst all de G'schenka unterm Bam,
de er vom Christkindl hot, s'war g'wiß koa Tram.

WEIHNACHT

S'Herzerl hot aitzt a grouße Freud,
en da schöna Weihnachtszeit,
damals, da war'ns no auserkor'n,
denn da Heiland war gebor'n.

Wia's sche is, wenn d'erst Kerz'n brennt
und des Liachtl d'Finstanis vo'drängt,
a Freud durchfoahrt s'Mensch'nherz,
denn des Liachterl macht an Schmerz.

Am heilig'n Abend is na soweit,
da Christbam macht a grouße Freud,
a jeda duat d'G'schenka drunta leg'n,
de s'Jesuskind müaßt griang.

Doch weil's aitzt nimma is da,
nehma d'Mensch'n d'G'schenka o,
sollt's jedoch wieda amal kumma,
mir doan eahm d'Gschenka gern vo'gunna.

SO WIA FRÜHER

Staad wird's draußt,
man g'spürt a b'sondere Freud,
dahoam wird scho übalegt,
af was für'n Platz
da Christbam steht.

Wachskerz'n möcht i heua,
sagt s'Muatterl dazua,
denn des elektrische Zeug
is ma ganz gecha d'Natur.

A schöne alte Kug'ln
häng i heua dro,
denn des neue Zeug
g'fallt ma net a so.

A selba bacherne Platzl
häng i am Bam,
solcherne, wia damals,
wia's bei da Großmuatta
g'wen san.

Ka'ft werd'n heua
bloß einfache G'schenka,
na braucht ma net soviel
umananda denka.

Ganz einfach soll's wieda sa,
wia damals beim Jesuskind,
na g'spürt a s'Herzerl,
daß s'Christkindl kimmt.

Eine Weihnachtsgeschichte

DA FRANZL UND SEI SCHUTZENGEL

An Wastlbaua sei kloana Bua, da Franzl, ko's scho nimma erwart'n, bis er zum Christkindl en de guate Stub'm hinte derf. Wenn's do bald wieda fort fliagat, denkt a se. Doch plötzlich war's soweit, denn s'kloane Glöckerl läut. Schnell rennt a in de guate Stub'm und bleibt vor Übaraschung bei da Tür steh, denn a schöna Christbam mit brennende Kerz'n und an Lametta, wia a Eng'lhaar leicht'n eahm entgeg'n. Wia er sei Spielzeug entdeckt, geht a glei zum Bam hi und fangt s'Auspacka und s'Spiel'n o. Plötzlich schreit d'Großmuatta vom erst'n Stock aba: „Kinda, kummts afa, s'Christkindl war da!" Glei gehnga da Wastl und d'Bäuerin afe, denn sie woll'n d'Großmuatta net wart'n lass'n.

Da Franzl spielt no a Weil, bis eahm af oamal ei'fallt, daß ja d'Großmuatta g'schrian hot. Schnell löscht a no am Bam d'Kerz'n aus, denn es könnt ja was passier'n, wenn nermand da is. Wia a s'letzte Kerzerl min Astl abaziagt, zum Ausblas'n, da fallt eahm da Bam um, doch s'Kerzerl geht no aus. Er laßt an Bam so lieg'n, wia er daliegt und rennt zu da Großmuatta afe. Wia a bei da Großmuatta all de schöna Spielsach'n lieg'n siehgt, vo'gißt a schnell an umg'fallna Bam. Wia d'Bäuerin wieda abe kummt und an Bam lieg'n siehgt, daschrickt's recht und schreit: „Heiliger Bim bam, da Bam is umg'fall'n! A grouß Wunda is g'schehng, daß alle Kerz'n aus san, da muaß scho an Franzl sei Schutzeng'l dag'wen sa, der d'Kerz'n alle ausblas'n hot." „Ja, ja", sagt da Baua, wia er a grad aba kummt, „des muaß wirklich a Schutzeng'l g'wen sa, sonst war bestimmt s'ganze Haus a'brennt. Da sehgt ma wieda, wia leichtsinnig mir san, mir gehnga einfach davo und lass'n d'Kerz'n brenna." Wia da Franzl vo da Großmuatta mit all seine Spielsach'n aba kimmt, da hot er den umg'fallna Bam scho lang vo'gess'n, denn der steht inzwisch'n scho wieda am alt'n Platz.

Eine Weihnachtsgeschichte

DA VATA

„Du Bäuerin", sagt da Baua, „morg'n is Heilig Abend und i will, daß'd de Dienstleut was schenkst." „Wos soll i?" „Ja, du sollst", foahrt ihr da Baua dazwisch'n, „und s'bleibt dabei." Koa Wort hot's mehr g'sagt. Na ja, denkt a se, a viert'lts Brout und a boa Äpf'l werd i eah halt na en Gott'snam ei'packa.

So is g'schehng.

Am Heilig Abend hot a jeda sei Packl griagt und a morts Freud hab'ms g'habt. Glei gehnga's af eahna Kamma und packa's aus. Wia's s'Packl af'macha, is eahna d'Freud schnell wieda vo'ganga.

Da Uli schimpft: „Dasticka soll's no amal an ihr'n Geiz, Äpf 'l und a Brout, na sowas, man möcht's riet glaub'm!" Doch er hot se schnell wieda beruhigt.

Draußt is eiskalt und da Schnee liegt scho an Meta houch, wia wer an d'Haustür one schlagt. „Du Muatta, du Muatta, horch, da is ebat an da Haustür!" schreit da kloa Loisl. „Ja, ja, moanst eba, i hör riet!" schreit d'Bäuerin und schloapft mit ihre alt'n Pantoffl'n zu da Tür. Wia's afmacht, daschrickt's recht, denn a alta Mo steht draußt. Da weiße Bart und s'Haar hänga eahm üba sei z'riss'ne Jopp'n abe. Er is voll Schnee und Eis und grad zittern duat a. Üba d'Füaß hot a a boa alte Hadern ume bund'n, und d'Handschuah san so z'riss'n, daß bloß no Löcha san. Er sagt: „I bitt, a warme Stub'm, i bitt, bloß a warme Stub'm, nacha geh i glei wieda." Doch kam hot a nomal bitt g'sagt, hot eahm d'Bäuerin scho Tür vor da Nas'n zuag'schlag'n g'habt.

Mit letzter Kraft geht a weita, und scho nach huntert Meta fallt a en Schnee und schlaft für ewig ei. Er hot nix mehr g'spürt. Bloß sei Kennkoart'n, de en sei alte Jopp'n ei'g'naht is, wird aussag'n, daß er grad aus russischer G'fang'nschaft z'ruck kumma is und er sei Dahoam g'suacht hot.

„Sowas, ha", schimpft d'Bäuerin, „a so a Hadernlump, will am Heilig'n Abend zu uns eina und will se afwärma, na sowas is ma no net passiert." „Na ja", brummelt da Baua vom Eck vira, „kalt und unbarmherzig wia's halt abl is, aber de kennt's halt net anderst."

Wia am nächst'n Tag alle grad en d'Kircha geh woll'n, kummt da Schandarm vo'bei und sagt: „Du Baua, wir hab'm heut früha vor dei'm Hof an alt'n Mo g'funna, er is da'fror'n en Schnee drinn g'leg'n. Er hot Ausweispapiere dabei und i glaub, er is da Vata vo deina Bäuerin. Soviel wir festg'stellt hab'm, is a heut Nacht vo da Kriegsg'fangaschaft z'ruck kumma. Er wird halt net g'wißt hab'm, daß sei Tochter in dein Hof ei'g'heirat hot, sonst war a doch zu euch kumma und net vor da Haustür dafror'n." Da Baua wird abl blasser und blasser, und plötzlich rump'lt d'Bäuerin wia vom Teuf'l verfolgt davo. Lang hab'ms braucht, bis es en Leich'nhaus am Sarg vo ihr'n Vatan g'funna hab'm. A ganz Jahr hot's dauert, bis wieder einigamaß'n zamm kemm is.

Alle Jahr hot's na alte und arme Leut am Heilig'n Abend ei'g'lad'n, doch vo'gess'n hot's nia kenna, was damals g'schehng is.

WEIHNACHT EN GRAS

S'is abl no Weihnacht,
doch s'schaut net a so aus,
d'Sonna lacht so sche aba
und recht warm is draußt.

D'Vogerl suacha s'Fuatta
en Gras,
nachts hot's g'rengt,
drumm is all's naß,
s'is abl no Weihnacht,
Weihnacht en Gras.

Man moant,
s'Frühjahr is da,
grad a so schaut's aus,
vo de Palmkatzl werd'n
Knosp'n dick,
sie brecha bald auf.

S'is abl no Weihnacht,
da Winta halt sei Ruah,
s'Frühjahr wird bald da sa,
man siehgt vom Winta koa
Spur.

WEIHNACHT

Weihnacht kommt,
öffnet euer Herz,
die festliche Zeit prüfet
mit Schmerz.

Ein Menschenherz
wurde geboren,
Gottes Sohn,
für Menschen die Hoffnung,
Gottes ewiger Lohn.

Trauer und Freud,
Schmerzen und Leid,
Prüfen die Menschen
in der Weihnachtszeit.

G’SPÜRTS ES

G’spürts es, liabe Leut,
daß aitzt kummt a b’sondere Zeit,
fühlts es en Herzen drinn,
wia’s zittert,
wia bei an kloana Kind.

Merkts es,
wia d’Liab druckt
und wia’s staad wird en da Natur,
weil all’s geht zua Ruah.

Wia se all’s vorbereitet
af de schöne heilige Zeit,
bald wird uns a Kind gebor’n,
daß wir Mensch’n net san vo’lor’n.

En Kripperl wird’s drinn lieg’n,
fast nackat auf Strouh,
d’Mensch’n doan’s b’suacha,
weil’s erlöst werd’n vom ewig’n Doud.

WEIHNACHT'N

Staad fall'n d'Schneeflock'n aba
und decka all's zua,
Dämmerung bricht eina,
all's geht zua Ruah.

Weiß is all's word'n,
koa Bleamerl lurrt aus'n Schnee,
bloß Grasbüsch'l siehgt ma no,
bis afe en d'Höh.

D'Nacht is hell wia da Tag,
a so feucht da Schnee,
d'Bam schaua aus,
als stand'n Stangan en d'Höh.

Am Feldkreuz hänga Eiszapfan,
sie tropfa abe am Bod'n,
man moant da duat oana woana,
weil'n da Blitz hot daschlog'n.

Am Christbam vor da Kircha
glitzern d'Liachta en Schnee,
d'Leut doan nan bewundern
und schaua afe en d'Höh.

WEIHNACHT

Weihnacht kummt
ihr liab'n Leut,
g'spürts es a,
de Herzensfreud.

G'spürts es,
de Gottesliab,
wia all's vo'schwind,
was goa so trüab.

All de G'schenka,
de mir von Herz'n geb'm,
erfreu'n de Mensch'n
goa net wen'g.

A Freud is grad
en dera schöna Zeit,
für alle Mensch'n
weit und breit.

WEIHNACHTSBUMMEL

Ich mußte noch einige Weihnachtsgeschenke besorgen, so fuhr ich vier Tage vor „Heilig Abend“ noch in die Stadt.

Als ich gerade vor einem Spielwarengeschäft stand und es betreten wollte, rief jemand nach mir. „Hallo Paul“, hörte ich jemanden rufen. Ich drehte mich erschrocken um, und da stand mein alter Schulfreund, der „Richter Otto“, vor mir. Er war vor Jahren nach Amerika ausgewandert und war jetzt zu Besuch in seiner alten Heimatstadt. „Mensch Otto“, brachte ich überrascht heraus. „Hallo Paul, so ein Zufall“, sagte er zu mir, „da treffen wir uns beim Weihnachtsbummel. Na erzähl und wie geht es dir.“ „Na ja, Otto, den Meinigen und mir geht es gut, wir alle sind glücklich und zufrieden.“ „Na, was heißt schon zufrieden“, antwortete er und sah mich verlegen an. „Sieh mich an, ich habe mit meiner Textilfabrik das große Geld gemacht, und wenn ich schon einmal wieder in meiner alten Heimatstadt bin, möchte ich dir eine Freude machen. Also wünsch dir etwas, ich kaufe dir, was du willst.“ Doch ich winkte ab und sagte: „Otto, ich bin gesund und glücklich und mir fehlt es an Nichts. Mein größter Wunsch ist es, mit meiner Familie glücklich und zufrieden zusammen zu leben.“ Er sah mich überrascht an und meinte, daß er mich nicht verstehe und daß er seinem Sohn ein neues Auto, seiner Tochter einen teueren Diamantring und seiner Frau die ganze Stadt kaufe, wenn sie es wolle. Na ja, brummelte ich in mich hinein, ob sie dadurch glücklicher werden, mußten sie selber wissen. „Mensch Paul“, fiel er mir in mein Gebrumme, „du bist und bleibst der selbe Kerl wie früher.

Aber reden wir von etwas anderem, sonst streiten wir bloß noch." So fragte ich mit einem sarkastischen Unterton: „Sag mal Otto, was schenkst du deiner lieben Familie nächstes Jahr, ein Wohnhaus, die ganze Stadt oder die Welt? Wo bleibt dann ihr eigener Wunsch, wenn sie einfach alles für Geld bekommen können? Nein, das wäre nichts für mich. Wir haben soviel Überfluß, während andere nicht einmal ein Stück Brot haben. Der wahre Sinn der Weihnacht liegt beim Jesuskind und der Liebe der Menschen zueinander. Das Licht, die Gewißheit, die Wahrheit und die wahre Liebe."

Ich hatte mich wieder beruhigt und mich durch die Oberflächlichkeit meines Schulkameraden geärgert. Er lachte laut auf und sagte, daß er gar nicht gewußt habe, daß ich so ein gläubiger Mensch geworden sei. Denn seine Devise wäre: HAST DU GELD, DANN HAST DU MACHT UND DANN BRAUCHT AUCH GOTT DIR NICHT HELFEN!

Über das, was er gesagt hatte, wurde ich wütend und deshalb verabschiedete ich mich von ihm mit dem Grund, daß ich noch Besorgungen machen müßte. Beim Gehen sagte ich zu ihm, daß wir uns bestimmt noch sehen, weil wir ja im gleichen Ort wären.

Doch erst viele Jahre später erreichte mich ein Brief von ihm, daß es mit seiner Gesundheit nicht zum Besten stehe und daß er bald sterbe. Sein Brief endete mit dem Satz: „Lieber Freund, ich bin in meinem Leben keinen glücklichen Weg gegangen, denn meine Augen waren geschlossen. Erst durch meine Krankheit bin ich sehend geworden, doch nun ist es leider zu spät für mich. Wie war ich blind und geblendet."

Menschen, die stets die Augen zu,
steuern in ihrem Leben vorbei,
erst wenn sie die Krankheit schlägt,
erwachen sie aufs Neu.

WEIHNACHT KUMMT

Staad wird aitzt d'Natur,
alls geht zua Ruah,
a d'Mensch'n bereit'n se
afs Weihnachtsfest vor.

Kalt is draußt,
warm en da Stub'm,
a jeda freut se,
weil s'Weihnachtsfest kummt.

Die Geburt kummt näher
vom heilig'n Kind,
d'Mensch'n werd'n errett,
weil da Erlöser kimmt.

Eine Weihnachtsgeschichte

DAS LICHT

Ein Jahr befinde ich mich nun schon in einem russischen Gefangenenlager bei Nowosibirsk. Das einzige was wir von der Heimat wissen, ist, daß wir den Krieg verloren haben. Jeder von uns weiß, daß es nur noch drei Tage bis zum Heiligen Abend sind. Plötzlich erreicht es uns wie ein Lauffeuer im Lager, dass wir den Heiligen Abend feiern dürfen. Da ich etwas Russisch spreche, gehe ich zum Lagerkommandanten und frage ihn, ob wir eine Zusatzration Maiskörner für dieses Fest bekommen. Ganz verlegen schaut mich dieser an, verzieht sein Gesicht und lacht plötzlich sehr laut. Doch er hat sich schnell wieder in der Gewalt und sagt zu seinem Posten: „Gib ihnen einen Sack Korn mehr." Wir zermahlen den Mais und bereiten daraus Brot und Plätzchen. Am nächsten Tag kommt derselbe Posten nochmals zu mir und sagt, dass wir einen Weihnachtsbaum aufstellen dürfen. Wir basteln aus Grashalmen, die wir aus dem tiefen Schnee wühlen, kleine Weihnachtssterne. Einem von uns gelingt es sogar, aus dem Pferdestall eine Hand voll Stroh zu ergattern. Aus Strohhalmen und kleinen Ästen bauen wir eine kleine Krippe. Kleine Figuren machen wir aus Baumrinde, die wir mit unseren verrosteten, kleinen Messern formen. Nachmittag erscheint der Posten noch einmal und drückt mir eine Axt in die Hand. Er fordert mich zum Mitgehen auf. Wir verlassen zu zweit das Lager, um einen Christbaum zu holen. Meine Kameraden flüstern mir noch zu: „Fliehe, wenn du eine Gelegenheit hast." Ich gehe voraus und der Posten mit seinem Gewehr hinterher. Plötzlich erinnere ich mich an die Worte meiner Kameraden zu fliehen, doch wohin sollte ich, außerdem habe ich auch nichts dabei. Ich würde in dieser eisigen Kälte erfrieren und verhungern. Erst als ich das Gewehr im Rücken spüre, verschwinden meine Gedanken, denn ich war stehen geblieben. Ich stapfe weiter durch den Schnee, und wieder drängt mich der Gedanke der Freiheit, der Heimat, meiner Familie. Wie wird es ihnen wohl gehen, ob sie gesund sind und auf mich warten, denn fünf Jahre habe ich sie nicht gesehen. In einem kleinen Wäldchen angekommen, fordert mich der Bewacher auf, ein passendes Bäumchen zu fällen. Dieser dreht sich jetzt zur Seite, und das war die Gelegenheit, auf die ich gewartet habe. Es dauerte keine zwei Sekunden und ich habe sein Gewehr in der Hand. Stunde um Stunde plagen wir uns durch den hohen Schnee, wobei ich jetzt das schwere Gewehr schleppe. Jetzt plagen mich die Gedanken. Was mache ich mit dem Russen, soll ich ihn erschießen und im tiefen Schnee liegen lassen oder zurückschicken? Doch die Verfolger würden mich bald einholen, oder vielleicht verfolgen sie mich gar nicht, denn von hier ist noch niemand fortgekommen. Plötzlich wusste ich es! Ich schrie: „Hau ab, verschwinde, bevor ich es mir anders überlege!" Er läuft fort, weil er Angst hat, erschossen zu werden. Ich glaube er ist froh, dass er mit dem Leben davongekommen ist. Ich gehe weiter, schleppend, ängstlich, Schritt für Schritt, bis die Dunkelheit hereinbricht. Jetzt überlege ich, ob ich richtig gehandelt habe, oder hätte ich den Posten lieber ...?

Nein, es war so richtig. So stapfe ich mühsam weiter, von Hunger und Kälte geschwächt, ohne zu wissen, wohin. Erst als sich die aufgehende Sonne im Schnee spiegelt, erreiche ich mit letzter Kraft den Waldrand. Irgendwann muss ich hingefallen sein, denn als ich jetzt erwache, spür ich nichts mehr. Ich taste meine Glieder ab und erkenne, daß ich ganz kalt und steif geworden bin. Lange liege ich so noch da, bis es mir endlich gelingt, mich etwas zu bewegen. Ich schleppe mich auf allen Vieren weiter und erkenne, dass es inzwischen schon wie-

der Nacht geworden ist. Dort! Ein Licht! Ja, viele Lichter, oder sind es Sterne? Ich krieche im tiefen Schnee vorwärts und sehe die Sterne wieder, doch das Licht kommt nicht näher. Ich war wieder bewusstlos geworden. Als ich wieder erwache, spüre ich Wärme und sehe die Lichter vor mir, doch sofort werde ich wieder bewusstlos. Ich muss noch Stunden dagelegen haben, denn als ich wieder zu mir komme, sitzt neben mir eine alte Frau und flößt mir eine warme Suppe ein. Ich habe zwar Schluckbeschwerden, doch es wird von Minute zu Minute besser. Nach einigen Stunden habe ich mich soweit erholt, dass mir das Mütterlein erzählen kann, wie sie mich draußen vor dem Fenster, an dem der Christbaum steht, fand.
Jetzt wusste ich, daß mich der Christbaum gerettet hatte. Ich blieb noch zwei Wochen bei ihr, und als ich mich verabschiede, kommen ihr die Tränen. Sie gibt mir noch viele Beeren und Kräuter sowie mütterliche Ratschläge mit auf den Weg.
Ein Jahr bin ich nun schon unterwegs, und als ich die Grenze erreiche, springe ich auf einen langsam vorbeifahrenden Zug, der in Richtung Heimat fährt. Als ich gerade die Waggontüre öffne, kommt ein russischer Soldat heraus und schreit: „Bleib bei den anderen, Deutscher, sonst schick ich dich wieder in das Lager zurück!" Er packt mich am Kragen und schiebt mich in das Wageninnere. Ich traue meinen Augen nicht, als ich nur deutsche Kriegsgefangene sehe. Plötzlich packt mich jemand und schiebt mich zwischen diese, so dass mich der Posten nicht mehr sehen kann. Große Freude überkommt mich, als ich meine Freunde aus dem Gefangenenlager erkenne, aus dem ich vor einem Jahr geflohen bin. Ich habe großes Glück, dass die Zuzählung der Gefangenen, kurz bevor ich in den Zug kam, durchgeführt worden war. Sie erzählen mir, dass sie damals, trotz meiner Flucht, Weihnachten feiern durften und der Posten sogar einen Christbaum mit zurück brachte. Die Suche nach mir wurde erst gar nicht aufgenommen.
Am Heiligen Abend treffe ich bei meinen Lieben zu Hause ein, und wir feiern das schönste Weihnachtsfest, das es jemals für mich gab.

WEIHNACHT WIRD'S

All's schaut aitzt aus wia ohne Leb'm,
so duat ma d'Natur aitzt sehng.
S'Laub is a'g'fall'n und d'Bam san kahl,
grad wia a Gerippe, wia aus Stahl.
Selbst vom Gras is d'Farb vo'blaßt,
s'wachst a net, es hat halt a Rast.
D'Mensch'n hocka en da warma Stub'm
und bacha, bast'ln, weil s'Christkind bald kummt.
D'Adventkerz'n erhell'n abends den festlich'n Raum
und d'Kinda sitz'n wia im Traum,
denn sie kenna's ka'm da'wart'n,
bis s'Christkindl kummt übern Gart'n.
Sie stell'n se vor an weiß'n Schlin,
mit Pferdl dro, wenn's Christkind kimmt.
Oder –
vielleicht kummt's goa vom Himm'l aba g'flog'n,
mit eigne Flüg'l, vom Himm'l obm.
D'Liab erfaßt aitzt de kloana Fratz'n,
sie kennan's ka'm no dawart'n.
A so is des halt mit da Liab,
schogar uns hot's dawischt,
s'is nix mehr trüab.
Man g'spürt's aitzt b'sonders im Herzerl drinn,
s'wird bald af d'Welt kumma, s'heilige Kind.
Zur Weihnachtszeit, als b'sondere Freud,
gibt's de Mensch'n d'Liab bis heut.

IN DA METT'N

Wenn i en meina Hoamat en da Mett'n bi,
na find i halt all's goa so sche.
Dort brauch i an Herrgott net erst suacha,
denn er duat vom Himm'l aba ruafa.

Da Fried'n kehrt na en mei Herz,
und s'Herzerl mi na goa so schmerzt.
Da Chor singt a so wunderbar,
als war'n nur lauta Engerl da.

Wia's wirklich na war so wird's da g'macht
und s'Jesuskindl wird en Kripperl wach.
D'Liab duat a umananda geh,
drumm is en da Christnacht goa so sche.

De Bilda all, de d'Kircha schmück'n,
doan mei Herzerl recht entzück'n.
Oans, des is a no ganz g'wiß,
daß da Herrgott en da Kircha is.

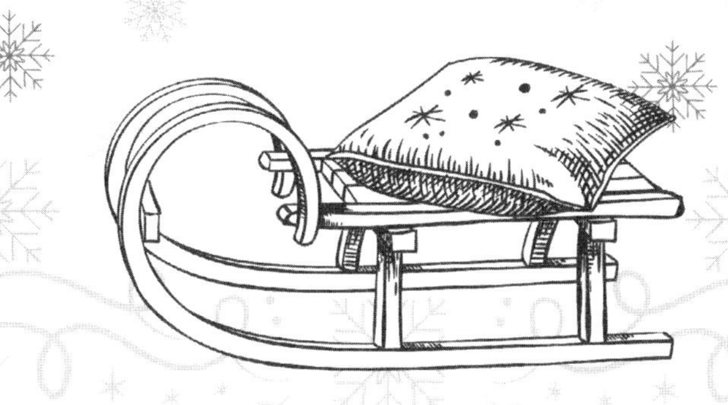

WEIHNACHT UND CHRIST

Liaba Winta! Du schaffst a Leid,
machst erst all's kahl und dann no weiß.

Doch de Mensch'n schenkst a grouße Freud,
en da heilig'n Weihnachtszeit.

Üba dir ist Gott, der all's hot so bestimmt,
die festliche Zeit, dem Christuskind.

Alle Eng'l san aitzt da,
sie tränka d'Herz'n mit Liebe wahr.

So hot da Herr die Zeit bestimmt,
fürs Mensch'nherz und s'Christuskind.

WEIHNACHT MIT GOTT

Wem Gott das Herz mit Liebe tränkt,
der erkennt Weihnacht als Geschenk.

Niemals wird er Böses tun,
denn Milde in seinen Augen ruht.

Er wird nicht geblendet von der Gab
und wenn er noch so wenig hat.

Im Herzen spürt er Heiligkeit,
die Freude, die ihm stets bereit.

Tränkt andere Herzen mit Liebe und Freud,
in der schönen Weihnachtszeit.

WEIHNACHT EN DA HOAMAT

Oh! Wia herrlich und wia sche,
duat aitzt mei Hoamat da steh,
dei Lichtaglanz is aitzt übaall,
im Haus und Hof und a im Stall.

Fleißig san deine Mensch'n,
so ehrlich und treu,
sie liab'm die so, Hoamat,
jed'n Tag afs neu.

Mit Freud aus tiafst'm Herz'n
bereit'ns s'Weihnachtsfest,
für d'wahr Liab,
weil s'Christkind hier lebt.

Nur wenige gehnga
am recht'n Weg vo'bei,
sie werd'ns nia erkenna,
was wahre Hoamatliab sei.

WEIHNACHT UND NATUR

Nichts als Schnee und Eis
verziert jetzt die Natur,
nur kahles Gerippe
schaut überall hervor.

Was dem Menschen jetzt Liebe,
verschläft die Natur,
denn Ruhe soll sein,
zu Christi Geburt.

Die Liebe zieht in die Herzen
und wahrer Friede kehrt ein,
umjubelt von Himmelsengeln,
stimmen die Menschen mit ein.

Freude läßt jetzt die Sorgen vergessen,
Kummer und Schmerz,
Liebestränen aus dem Herzen,
lindern den Schmerz.

DA CHRISTBAM EN DA HOAMAT

S'ganze Jahr steh i en da Hoamat
am alt'n Schulhausplatz,
fang an Staub af
und d'Abgas vo da Straß.

Und trotzdem hört's
vo mir koan Laut,
denn i bi a Tannabam,
recht grouß und guat baut.

Ich schimpf net, wenn meine Zweigerl weh doan,
wenn mei Herzerl mit de Träna d'Giftstoffe auße woant
und trotzdem sagt ma mei G'fühl,
daß bald Weihnacht'n werd'n will.

A da Frost hot ma weh doa
und d'Schneelast dua i trag'n,
doch i woaß, es kummt bald Weihnacht,
drumm dua i a net klag'n.

Und plötzlich, s'war a schöna Tag,
da loahnt ma oana a Loattan o
und hängt an meine greana Zweigerl
schöne Liachterl dro.

So steh i aitzt da
und leucht wia a Stern,
denn aitzt woaß i g'wiß,
Weihnacht'n duat's werd'n.

I wach a üba d'Kircha,
denn de steht neba mir,
wenn d'Leut en da Christnacht
zu Gott bet'n hier.

Sie schaua mi o,
mi Liachta-Bam,
in de Leut erwacht
d'Liab und i ha mein Tram.

STAADE ZEIT, WEIHNACHTSZEIT

Wenn's draußt stürmt und schneit
und da Weiher is vo'eist,
na g'spürt a s'Herzerl,
es kummt de schöne Weihnachtszeit.

D'Vogerl kumma ans Fensta zum Fress'n
und d'Bam hänga volla Schnee,
a d'Kinda doan Schlinfoahr'n
und rutsch'n aba vo da Höh.

D'Muatta backt scho Platzl
und d'Kinda nasch'n vom Toag,
sie schaua am Adventkranz
und riacha vo de Zwoag.

Da Vata duat a no übaleng'n,
was a heua seine Kinda duat geb'm
und draußt en Wald hot a a scho
an schöna Christbam g'sehng.

All's wirkt aitzt harmonisch
denn d'Liab druckt afs Herz,
wenn's Kindl na en Kripperl liegt,
g'spürn's an Liebesschmerz.

ES WEIHNACHTET

All's is aitzt staad,
leise fallt da Schnee,
er deckt all's zua,
bis afe en d'Höh.
Weihnacht kündigt sich an,
d'Liab geht aitzt umher,
all's freut se,
weil's Weihnacht bald werd.

D'Bam und d'Sträucha
doan d'Schneelast trag'n,
sie werd'n net g'fragt,
wia's es woll'n hab'm.

An de Fuattastell'n en Wald
san d'Has'n, d'Reh und d'Hirsch
und da Jaga is ohne G'wehr
zum Fuattern af da Pirsch.

All's is so sche herg'richt
für s'Jesuskind,
des am heilig'n Abend
zu de Mensch'n aba kimmt.

WEIHNACHTSBRAUCH

S'Red'n vo de Küah

Horch! Bäuerin, wia d'Ochs'n red'n,
i geh schnell abe und horch was sag'n,
untern Foudatrog leg a mi,
vielleicht ko i wos dafahr'n.

Scho liegt a drunta,
koan Schnaufara ko ma vo eahm hör'n,
wia oa Ochs sagt,
unsa Baua duat a schwar krank werd'n.

Und da Franzl, na ja,
der fliagt untan Wag'n,
da müaß ma halt na afpass'n,
daß man net dafahr'n.

Und da Bäuerin duat en Stadl ent
d'Latern abe fliang,
na ja, der brennt halt na a,
aba sonst duat nix passier'n.

Uns Veicha geht's a sonst guat
und z'Fress'n hab'm ma a gnua,
an warma Stall hab'm ma a
und unsa Wintaruah.

So, aitzt san ma aba wieda staad,
daß uns koana hört, bei unsan Ratsch,
gleich schleicht se da Baua davo,
denn aitzt muaß a nachdenka,
wos a dageg'n all's ko do.

SITT UND BRAUCH AN WEIHNACHTEN

Früher war es noch so Brauch, dass die Dorfmusiker am „Heiligen Abend“ vom Kirchturm herab spielten.

Es gab auch noch eine Dorfwache, die bei einem Brand oder Einbruch sofort Alarm schlug.

Wenn die Bauernfamilie am „Heiligen Abend“ in die Christmette ging, musste einer als Wache auf dem Hof zurückbleiben.

Zwischen „Heilig Drei König“ war es auch noch Sitte, dass keine Wäsche aufgehängt wurde.
Hatte man dagegen verstoßen, so erhängte sich jemand aus der Familie, der Verwandtschaft oder dem Bekanntenkreis.

Es sollte sich auch kein Rad drehen, z. B. Wagenrad oder Spinnrad. Selbst die Wagnerei und die Dorfschmiede stellten die Arbeit ein, denn die Transmission musste still stehen. Wurde dagegen verstoßen, so geschah ein großes Unglück.

Es war auch auf verschiedenen Bauernhöfen noch der Brauch, dass jeder Arbeiter am Faschingsdienstag ein Stamperl Schnaps bekam. Es sollte verhindern, dass derjenige von einem Insekt gestochen wurde.

Am Aschermittwoch durfte kein Weib stricken, denn, so glaubte man, man könne den Hühnern das Loch zunähen und sie legen keine Eier mehr.

In der Christnacht

SO IS NO G'SCHEHNG

In der Christnacht ging ein Bauer um Mitternacht in den Stall. Dort legte er sich unter den Futtertrog und horchte, was seine Ochsen erzählen. Plötzlich hörte er einen Ochsen sagen: „Unsern Bauern müaß ma heuer no af's Grab foahr'n."

Als der Bauer dieses hörte, erschrak er so sehr, daß er auf der Stelle den Stall verließ. Er überlegte, wie er Gevatter Tod ein Schnippchen schlagen könne. Plötzlich hatte er den richtigen Einfall. Er verkaufte seine zwei Ochsen sofort seinem Nachbarn, denn, so glaubte er, daß er nicht sterben müsse.

Doch noch im selben Jahr verstarb der Bauer. Seine anderen Ochsen hatten zur selben Zeit Maul- und Klauenseuche, so daß sie nicht gehen konnten. So mußte die Bäuerin die zwei verkauften Ochsen vom Nachbarn leihen, um den verstorbenen Bauern aufs Grab fahren zu können.

Denn früher war es so der Brauch und Sitte, wenn ein Bauer starb, so wurde er von seinen Rössern oder Ochsen aufs Grab gefahren.

OB D'KÜAH EN DA CHRISTNACHT RED'N ?

Dunk'l is d'Nacht und meterhouch liegt da Schnee,
wia da Wastlbaua vor da Stalltür steht.
Zwanz'g Jahr horcht a scho, ob seine Küah red'n,
oamol bloß, sagt a se, möcht es daleb'm.
A alta Brauch sagt's, daß en da Christnacht red'n,
drumm horcht a heua wieda, vielleicht derf as daleb'm.
A komisch G'fühl la'ft eahm plötzlich üban Bug'l,
wia a en Stall hört af oamal a G'munk'l.
Aitzt hört as ganz deutlich, wia oa Kuah sagt:
Ja da Baua, des war a guata Mo,
aba en da Bäuerin, mei Liaba,
da hängt da Teuf 'l dro.
Und mi, brumm'lt de Nächste,
hot's erst en Hax'n eine g'stocha,
wos moanst, wia i bi umananda krocha.
Mir, schreit de Dritte, gibt's abl z'wen'g z'fress'n,
denn da ha hint en Eck duat's mi allaweil vo'gess'n.
Und mi, sagt de Vierte, schlagt's abl a so,
bloß weil si s'Zeil'n net g'scheit ko.
Wos moanst, red de Fünfte, wos i für an Wehdam abl ha,
denn mi hängt's min Strick oft tagelang en Pfost'n o.
Min Fouda spoart's a allaweil, schreit de Letzte no drei',
des müaßat bestimmt net sei.
Wenn no bloß abl da Baua kam,
na gang's uns Veicha guat en unsan Stall dahoam.
So, aitzt san ma wieda staad,
daß uns nermad hört beim Ratsch.
Glei war a Ruah, nix mehr hot ma g'hört.
So, denkt se da Wastl,
des Red'n vo de Küah is also doch wahr.
Lang no find da Wastl koa Rua,
denn wer soll's eahm glaub'm, des Red'n vo de Küah.

D'LIAB GEHT UM

D'Liab geht um,
i siehg's net,
i tast's net,
i g'spür's nur im Herz,
i g'spür, daß Weihnacht'n bald werd.

D'Liab steckt in da Natur,
d'Liab steckt im Herz,
aitzt dua is b'sonders g'spür'n,
weil's Weihnacht'n bald werd.

D'Liab kommt vo de Mensch'n,
oder von Gott,
denn sie is s'Leb'm
und nimmt stets d'Not.

D'Liab is die Speise
für die menschliche Seel,
da Herrgott hot soviel,
daß da Mensch of net will.

D'Liab is draußt,
d'Liab is drinn,
i muaß bloß a bißl schaung,
daß is find.

Eine kleine Weihnachtsgeschichte

S'IS SCHO FAST A ALTA BRAUCH

S'alt Reserl vom obern Berghäusl is a b'sonders brav's Muatterl. Zwanz'g Jahr lebt's scho aloa. Ja damals, wia ihr liaba Mo no g'lebt hot, da hot's Weihnachtsfest no net so weh do wia heut. Na ja, moant's, s'duat halt bei uns alt'n Leut b'sonders weh und no dazua, wenn ma so aloa is. Und weil's de Dorfkinda jed's Jahr zu Weihnacht'n a b'sondere Freud macha will, stellt's scho zwanz'g Jahr lang, acht Tag vorm Heilig'n Abend, an Christbam zum Fensta hi. De schöna rot'n Glaskug'ln, de no vo ihrer seelig'n Muatta san, s'weiße Lametta und de guat'n selba bachan Platzl schmücka an Bam b'sonders sche. Am Abend leucht'n dann de schöna rout'n Kerz'n bis zum letzt'n Dorfhäusl abe. S'Liacht wird vo de Dorfleut sofort bemerkt und sie gehnga glei zum Berghäusl, um an Bam zu bewundern. Manchmal hört ma d'Leut a sag'n: „Schau, beim Reserl war s'Christkindl scho wieda da. Sie is halt a brav's Muatterl." Für s'Reserl is halt a b'sondere Freud, wenn d'Dorfleut ihr'n schöna Christbam bewundern. Wenn ma na genau zum Fensta hi'schaut, na siehgt ma scho amal an Vorhang wach'ln, wenn's heimlich zum Fensta auße lurrt. Denn da B'suach vo de Leut is jed's Jahr ihr schönst's Christkindl, und g'wiß woaß's, daß no net vo'gess'n word'n is.

DAHOAM

Kalt is draußt,
s'knarzt da Schnee,
d'Bam san weiß
bis afe en d'Höh.

S'Sommerkleid is fort
zuag'schneit d'Natur,
da Litz'lbach plätschert leise
sei Musi dazua.

D'Gräber san vo'blaßt,
in da Erd is a Ruah,
aus da Kircha erklingt
s'heilige Liad,
zur Christi Geburt.

Hell strahlt d'Kircha,
weit auße, wia a Stern,
d'Glock'n klinga himmlisch
vo nah und vo fern.

In meiner Hoamat is da
Herrgott bei de Mensch'n
no dahoam
und d'Liab wohnt
in ihre Herz'n,
drum geht a nix vo'lor'n.

ÜBERALL IS D'LIAB

S'is aitzt scho,
a b'sondere Zeit,
de Liab übaall
und de Herz'nsfreud.

Grad drucka duat's,
des Herz, des G'fühl,
des doch nix anders
als Weihnacht'n will.

Man g'spürt aitzt
de Liab von Gott,
a Wunda duat g'schehng
und vo'geh de Not.

S'is halt d'Liab
de aitzt umgeht
und glücklich der,
wer des vo'steht.

WEIHNACHT NAHT

I woaß net,
was mi goa a so freut,
i glaub, s'is
die nahende Weihnachtszeit.

Am liabst'n dat i woana,
Träna, so grouß wie Stoana,
weil s'Jesuskind kummt,
da af unsana Erd'n herunt.

Uns Mensch'n soll's rett'n
des Gotteskind,
daß amal a jeda
in Himm'l kummt.

Schogar s'Leb'm soll's hergeb'm
und ans Kreuz wurd's amal
g'schlag'n,
daß nur d'Mensch'n net
en d'Vo'dammnis fahr'n.

An Weg en Himm'l
duat's für uns geh,
sonst dat ma für ewig
en da Finstanis steh.

WEIHNACHT

G'spürts es,
wia eb's eine druckt af's Herz,
i woaß riet wou's herkummt,
is d'Liab oda a Schmerz.

Draußt is all's so sche herg'richt,
all's is so staad,
so rein und so sauber,
koa Schneeflockerl mehr waht.

A Kindl soll kumma,
an Herrgott'n sei Bua,
er soll d'Hoffnung bringa
und s'ewig Leb'm dazua.

D'Sünd'n soll'n uns
vo'geb'm werd'n
durch an Herrgott'n sei Liab,
s'Kindl hot's vo'kündt,
daß s'Leb'm riet so trüab.

WEIHNACHT KUMMT

G'spürts es liabe Leut,
daß bald Weihnacht kummt,
draußt en da Natur
is scho all's herg'richt,
sche weiß g'macht
Feld und Flur,
bald kummt's, d'Christi Geburt.

Staad is all's word'n,
d'Mensch'n könnas
ka'm dawart'n,
bis Kindl im Kripperl
duat lieg'n,
bald, bald, –
soll des grouße Wunda
g'schehng.

D'Kindaherz'n lacha,
sie doun af s'Christkindl
schau'n, bald wird's kumma,
sie könnas fast no net glaub'm.

G'schenka soll's a geb'm,
Kindawünsche werd'n wach,
soviel Liab g'spürn's im Herzerl,
wos d'Liab doch all's macht.

S'KRIPPERL

Muatta, Muatta, da schau her,
da war s'Christkindl ha'rinn,
dort steht a kloan's Kripperl,
da liegt a kloan's Kindl drinn.

Schnell Muatta, schnell,
daß'd as duast sehng,
bei uns da is
a grouß Wunda g'schehng.

Schau,
dort leucht a Stern,
drinn brennt a kloans Herzerl,
so hell duat all's werd'n.

D'Maria und da Josef
doan am Kripperl dort bet'n,
zum kloana Kindl,
des im Kripperl duat lieg'n.

DA WEIHNACHTSBAM EN DA HOAMAT

Weiß is all's
bis afe en d'Höh,
mitt'n en Dorf
dua i als Christbam steh.

Meine Kerz'n leucht'n
grad wia d'Stern,
Eiszapfa hänga abe
fast bis af d'Erd'n.

Wenn i bloß wos red'n kannt,
i dat's euch scho sog'n,
wia frouh daß i bi,
daß i de Liacht'n derf trog'n.

Wia i mi freu
und mei Herzerl lacht,
wenn d'Kerz'n leucht'n
durch de finstere Nacht.

D'Liab druckt mi a,
bis ei en mei Herz,
wia sche muaß bei eng sa,
de Liab und der Schmerz.

Alle schaua af meine Liacht'l
und bewundern mi,
d'rum freut se mei Herzerl,
weil i aitzt wos b'sonders bi.

S'VO'SPRECHA

Ganz aloa hockt a alt's Muatterl am Heilig'n Abend en da warma Kuch'l af da Ofabänk und freut se über ihr'n schöna Christbam. Sieb'm Jahr lang griagt's an Bam scho vom Nachbarn, an Hofbauern, g'schenkt. D'Liachta vo de Kerz'n flackan en da alt'n Stub'm und spiel'n ihre Schatt'nspiele.

Untan Bam liegt a Pack'l, sche en a weiß Papier vo'packt, und wart scho sieb'm Jahr, daß vo'schenkt wird. Oamal wird a scho kumma am Heilig'n Abend, moant's, drum legt's es abl wieda untan Bam, denn so hot's es ihr'n selig'n Mo am Sterbebett vo'sprocha. Da Nachbar, da Hofbauer, soll's griang, wenn a am Heilig'n Abend amol umakummt.

Wia's grad so nachdenkt, schlogt's plötzlich an d'Haustür one. Ganz daschrocka is, weil's aus ihr'n Tram g'riss'n word'n is. Gleich schloapft's mit ihre alt'n Pantoff 'ln und mit a biß'l Angst und an Herzklopfa zu da Tür. Wia's dort is, hört's sag'n: „Muatterl, mach af, B'suach is do, da Hofbauer, d'Bäuerin, da Uli und s'Reserl san's." Glei macht's d'Tür af und sie gehnga en d'warme Stub'm. „Kummts no weida", sagt's, „na könnt's engan schöna Bam sehng." D'Bäuerin is glei dort und schreit fira: „Kummts her, schaut's, wia sche s'Muatterl an Bam herg'richt hot."

Wia's a no „Stille Nacht, heilige Nacht" o'stimma, sehng's, wia am alt'n Muatterl vor lauta Freud Träna über ihre Backan abela'fa. A so a Freud hot's, denkt se d'Bäuerin, da duat oan ja direkt s'Herz weh. War's doch guat, daß ma amol am Heilig'n Abend umaganga san. Wia's mit Singa fertig san, schloapft s'Muatterl zum Christbam hi und

ziagt untam Bam s'Pack'l fira. „Da schau her, Bauer, des Pack'l is für euch, da is a Vo'geltsgood drinnat."
Na ja, si hab'm se net recht vorstell'n könna, wos s'Muatterl aitzt moant, doch sie hab'ms voller Freud dankend o'g'numma. „Macht's es no af, i geh bloß schnell en d'Kamma ume und kumm glei wieda!"
Wia's es Pack'l afmacha, hab'ms a morts Freud, denn a schön's handg'schnitzt's Holzkripperl is drinnat. Vor lauter Freud geht d'Bäuerin glei zum Muatterl ume. Wia's en d'Kamma einekummt, liegt's Muatterl am Bett dort und lächelt, als ob's grad tra'mat. Wia's näher hi'kummt siehgt's, daß s'Muatterl ihr'm Johann nacheganga is. Sie hot bloß no ihr Vo'sprecha ei'g'löst und hot s'Pack'l vo'schenkt, des damals ihr'm Johann am Sterbebett vo'sprocha hot.
„Muatta", hot a damals g'sagt, „da Hofbauer hot ma vor a boa Jahr am Heilig'n Abend s'Leb'm g'rett, und da er nix o'g'numma bot, legst des holzg'schnitzte Kripperl, des i extra für eahm g'macht ho, untan Christbam, und wenn a amol am Heilig'n Abend umakummat, na gibst as eahm, denn als Weihnachtsg'schenk wird as na scho o'nehma."
Und so hot's 7 Jahr dauert, bis eahm s'Pack'l schenka hot könna.

NOVEMBER 1985 DAHOAM

S'Jahr is heua anderst als sonst,
überall liegt scho a Schnee,
doch af de Bam hängt no s'Laub,
bis afe en d'Höh.

Da Radio meld't an Reg'n,
doch d'Oberpfalz bleibt weiß,
da Himm'l is ganz klar
und all's is voller Eis.

Sche is all's scho herg'richt
für die Weihnachtszeit,
doch oft g'schiehgt's über d'Nacht,
na reg'nt's und fort is d'Freud.

Drum muaß ma all's hi'nehma,
ob Schnee, Reg'n oder Eis,
selbst wenn's am Heilig'n Abend grea is,
statt g'fror'n und schneeweiß.

Da Herrgott duat s'Weda richt'n,
wia's er halt grad hab'm will,
es kost eahm bloß a Läch'ln,
na is wia en April.

DA NIKOLAUS MIN SCHLI'N

Muatta schau, Muatta schau,
do kimmt a Schli'n vo ob'm,
i glaub,
do hockt da Nikolaus drob'm.

Schau hi, a Zipf'lmütz'n hot a af
und d'Rössa ziang
an Schli'n im La'f.
A Goas'l hot a en da Händ,
wia schnell des Pferdl abarennt,
scho is a vo'bei,
er bleibt net steh,
oh je, oh je, des is net sche.

Liaba Bua, do schau hi,
do is ebs abag'flog'n,
i glaub da Nikolaus hot
a Sack'l vo'lor'n.

Schnell Bua, la'f ma hi
und mach ma's af,
do is ja a Zettl dro,
do steht ebs d'raf.

Du warst a brava Bua,
drum g'hört des dei,
all's wos do drinn is,
wos goa so fei.
I ho net Zeit, i foahr zum Ort,
wou de bais'n Kinda dort.

Sie dua i heut en Sack ei'stecka,
well's de abl a so dablecka,
aflad'n dua is na am Schli'n
und en Weiher eineschütt'n.

Du warst abl brav,
drum griagst vo mir des Sack'l,
mit Äpf'l, Nüss
und an schöna Pack'l.

SCHE HERG'RICHT WIRD ALL'S

Staad is draußt word'n,
de erst'n Schneeflock'n
waht's umanand,
all's is aitzt en da Ruah
und griagt a weiß G'wand.

Da Himm'l is ganz grau,
als war do ob'm scho s'End,
a Schneewolk'n hängt ob'm,
de d'Sonna vo da Erd'n trennt.

Schnei'n duat's leicht,
all's wird weiß,
es is nimma lang hi
zua heilig'n Zeit.

Wenn man außeschaut
vo da warma Stub'm,
na g'spürt ma's scho,
daß a schöne Zeit kummt.

Bald wird
a Wunder g'schehng,
und s'kloa Kindl wird
en Kripperl drinn lieg'n.

Und d'Engerl fliang na
weit vom Himm'l her,
und d'Mensch'n doan bet'n,
denn sie freu'n se so sehr.

S'KINDL HOT S'LIACHT BRACHT

So hell wia da Tag is,
so dunk'l is d'Nacht,
da Mensch siehgt all's,
wia a s'es grad macht.

Doch heut is d'Nacht hell word'n,
denn a Stern leucht vom Himm'l her,
da Heiland is af d'Welt kumma,
ha'runnt af da Erd'n.

Des Kindl, des kloane,
liegt en Kripperl af Strouh,
alle Tiere stehna ume
und d'Mensch'n san so frouh.

Es bringt eah d'Hoffnung,
zoagt an Weg ens Himm'lreich,
d'Angst is vo'schwund'n
und s'Herzerl hot a Freud.

A so san d'Mensch'n g'rett word'n
und de Ungewißheit is goa,
des Dunk'l is hell word'n,
mir san nimma aloa.

CHRISTBAM STEHL'N

Jahrelang holt se da Wastlbaua an Christbam scho im Wald vom Nachbarn, an Waldbauern. Da aber aus dem Jungholz inzwisch'n scho Bam word'n san, muaß er scho afesteig'n, um no an schöna Gipf'l z'dawisch'n. Heuer, moant a, geht's nomal, und nächst's Jahr, na müaß ma halt oan ka'fa.

Als am Heilig'n Abend scho finsta is, do nimmt a de kloane Säg aus'n Schupfa und schleicht se en Wald ume.

Da Waldbaua ärgert se scho a boa Jahr über des Bamstehl'n. Doch an Diab hot a no det dawischt.

Vierzehn Tag liegt a scho wieda af da Lauer, und wia da Heilige Abend do is, geht a hoam, denn aitzt, moant a, kummt da Diab bestimmt nimma.

Am Hoamweg geht a no schnell beim Nachbarn, an Wastlbauan, vo'bei. Er klopft an de dicke Holztür one und d'Bäuerin macht eahm af. Grüaßte Bäuerin, sagt a und lurrt en Gang ei, denn wer woaß scho, vielleicht is a da Wastl da Diab. I möcht euch a frohes Fest wünsch'n. Is eba da Wastl goa net do?

Naa, sagt's, der is g'rad en dein Wald um an Christbam umeganga. A geh, Bäuerin, machst an Spaß, i woaß doch, daß da Wastl koan Bam stehlt. Den Lump'n, der mir jed's Jahr an Gipf'l abaschneid't, den dawisch i scho no. Na ja, na sagst eahm halt an schöna Gruaß und a frohes Fest, also Pfirte Bäuerin.

Glei macht a se am Hoamweg. Es is a Zeit word'n, denn da Wastl kummt g'rad min Bam vom Haus fira. Schnell Wastl, sagt's, schnell ens Haus eina, g'rad war da Waldbaua do und hot uns a frohes Fest g'wunsch'n. I ho eahm g'sagt, daß'd en sein Wald um an Bam ume bist, doch des hot a na doch net glaubt, sondern bloß g'lacht. Guat host as g'macht, Bäuerin. S'war eh s'letzte Mal, daß i an Bam g'stohl'n ho, weil's scho z'grouß word'n san. Nächts's Jahr müaß ma na halt oan ka'fa. Wia da Waldbaua a boa Tag später wieda en sein Wald außekummt, siehgt a, daß eahm heua wieda an Gipf'l abag'schni'n hab'm. Do wird a grannte und schwört se, daß a an Diab nächst's Jahr dawisch'n wird.

Doch do draus is na a nix word'n, weil se da Wastl an Bam ka'ft hot.

S'KINDL IS GEBOR'N

Da Schnee knirscht beim Geh,
g'rad als dat's eahm weh.
D'Bam und d'Sträucha
san voll Eis,
all's is aitzt draußt so sche weiß.

In da Nacht is so heimlich staad,
als dat bald a Wunda g'schehng,
i glaub, s'is am Herrgott sei Will'n,
daß da Mensch des derf daleb'm.

Und wenn na s'Kindl do is,
en Kripperl af Heu und af Strouh,
is s'graißte Wunda g'schehng,
wia san doch d'Mensch'n frouh.

Aitzt singas und doan jubilier'n,
denn g'rett san's alle word'n,
vor dem Nichts, dem ewig'n
Doud,
denn s'Kindl is gebor'n.

So paßt's no af und
doat's es liab'm s'ganze Leb'm,
stellt's euch vor, s'war anderst
word'n,
da Herrgott hätt uns
einfach übersehng.

CHRISTNACHT

Hörst as red'n,
de Bam mitanand,
irgend ebs g'schiehgt,
sie graing a weiß G'wand.

Ganz staad is all's
und mit Neb'l ei'g'hüllt
sie vo'zähl'n se, es kummt
an Herrgott sei Bua af d'Welt.

Da Himm'l is so weiß,
do siehgt ma ja d'Eng'l
goa net fliang,
de zum Kripperl herkumma,
weil's des Kindl so liab'm.

Sie kumma mit Trompet'n
und doan so himmlisch spiel'n,
denn s'Kindl muaß se af da Erd'n
wia en Himm'l drinnat fühl'n.

Später werd'n na durch des Kindl
viel Wunda do no g'schehng,
a so vo'zähl'ns d'Bam,
de en Wald drauß'n steh'n.

HEILIG ABEND 1985

Schnei'n hot's net könna,
doch da Neb'l macht all's weiß,
d'Bam und d'Sträucha
voll Rauhreif hänga und
en Weiher drinn steht scho s'Eis.

Ausschaua duat's,
als hätt'n alle Eng'l
an Rauhreif hertrag'n,
en des schöne Donautal,
ohne sich zu plag'n.

Sche herg'richt is für's Kindl,
a herin en da warma Stub'm,
da Christbam und des Kripperl
glitzern so sche herum.

Da Josef kniat vorm Kindl
und d'Maria duat's o'bet'n,
da Es'l und d'Kuah
doan a mit de Schaf dort steh'n.

A Stern leucht
ganz hell vom Himm'l,
extra für s'Kindl heut Nacht,
des d'heilig Maria
af d'Welt für uns hot bracht.

Wos war aitzt mit uns Mensch'n,
wenn des Wunda war net
g'schehng, ohne Liab und
Hoffnung maißt ma en
d'Vo'dammnis einegeh.

WEIHNACHTSBAM

Geh schöna Tannabam
schütt'lt an Schnee net o,
laß dei weiß G'wand dro,
denn Weihnacht'n
is scho glei do.
Dua d'Kerz'n o'nehma,
i steck da's af d'Zweig,
sie soll'n weit leucht'n,
a so machst uns a Freud.

I dua de dafür pfleg'n
und dua da net weh,
deine Asteirl laß a da alle
bis afe en d'Höh.

Erst nach Weihnacht
duast ma d'Liachta wieda geb'm,
denn na sollst wieda
als schöna Tannabam dosteh'n.

DA KRIPP'NSCHNITZER

„Muatta“, sagt da kloa Franzl, „do is ebat en Stall hint. Er hot an alt'n Huat af und a recht a alte Jopp'n o. A kloana Es'l steht neba da Bruchkist'n und frißt de Rössa eahnan Bruch. Schau, aitzt kimmt a fira.“
„Grüaß Good“, sagt aitzt da Fremde, wia a d'Bäuerin siehgt, „i bi da Kripp'nschitza vo da Lou und möcht di frag'n, ob i mit mei'm Es'l do über Nacht bleib'm ko, denn da Weg bis zum Stoabug'l ume is ma z'weit! I muaß zum Stoahofbaua, er graigt des Kripperl, des i am Waig'l ob'm ho.“
„Na ja“, sagt d'Ammabäuerin, „wenn des a so is, na ko'st scho do bleib'm. Schlafa ko'st en Knecht seina Kamma ent, und en da Kuchl holst da a Breck'l Brout und a Haferl Milch. Sog Kripp'nschnitza, ko ma a amol so a Kripperl ka'fa?“ „Ja scho Bäuerin. Schau da's o und nächst's Jahr zu Weihnacht'n na ko'st as du hab'm, wennst willst. Dir schenk es na, daß s'Jesuskindl endlich sei Ruah find't.“
„Wia moanst des Kripp'nschnitza?“
„Ja, des mou a da vo'zähl'n Bäuerin, des is a so! Des Kripperl ho i vor fünf Jahr s'erste Mal da Mühlbäuerin vo'ka'ft, und da Mühlbaua hot davo nix g'wißt. Und wia as am Heilig'n Abend g'sehng hot, do hot a d'Bäuerin recht g'schimpft und hot vor lauter Wuat s'Jesuskindl an d'Wänd oneg'worfa. D'Bäuerin hot ma na s'Kripperl wieda z'ruckbracht. Wia's na hoamkumma is, war da Baua doud. Inzwisch'n hab'm no drei Bauern des Kripperl g'habt, und a jed'smal is da Baua g'storb'm oder vo'unglückt. Warum hot a der damische Teuf'l des Kindl an d'Wänd hi'werfa müaß'n? Seitdem hängt a Unglück dro. Für morg'n, am Heilig'n Abend, do will s'Kripperl unbedingt da Stoabaua hab'm, denn er glaubt so an Krampf net, hot a g'sagt, wia es eahm vo'zählt ho. Doch er wird a sterb'm müaß'n. Nächst's Jahr ko'st as na du hab'm Bäuerin. Vo do weg wird a des Unglück a End hab'm und s'Jesuskindl endlich sei Ruah finna. Bei dir ko da Baua nimma sterb'm, weilst scho lang aloa bist und i ko na wieda neue und schöne Kripperl macha, soviel i will.“

S'GLÖCKERL LÄUT'N

Sche herg'richt is an Großbauern sei Christbam. Glaskug'ln und s'Lametta glitzern wia a Eng'lhaar, und de schöna Wachskerz'n flackan bis en de warme Kuchl fira.

D'Bäuerin hot a scho a boamal mit kloana Glöckerl, des am Bam ob'm hängt, s'Christkindl o'g'läut. Wia's na grad alle en da Kuchl beianan-da san und zum Bam hintegeh woll'n, do hör'ns af oamal s'Glöckerl wieda läut'n. „Horch", sagt d'Bäuerin, „hört's es a, s'Glöckerl läut, ob-wohl neamand hint is!" „Ja scho", sagt da Baua. „Muatta, Muatta, i hör's a", schreit da kloa Franzl dazwisch'n. Doch na war's wieda staad. „Wenn i net wissat", sagt d'Bäuerin, „daß s'Christkindl zum Fenster auße scho fortg'flog'n is, na kannt man moana, es is no he-rinnat." Langsam und vorsichtig gehngas aitzt en de guate Stub'm ei. Da Bam steht mit brennende Kerz'n wia davor do und s'kloana Glö-ckerl hängt am Bam ob'm, koa Mensch is drinnat. „Na sowas", sagt aitzt d'Bäuerin, „do werd eahm ja ganz unheimlich." Da Baua schaut a weng umananda und siehgt glei, daß vom Kanare s'Käfigtürl offa is, und do hot a g'wußt, daß da Vog'l ha'raußt war und an s'Glöckerl onepickt hot. Doch des Geheimnis b'halt er für eahm. „De soll'n no moana, daß s'echte Christkindl do war", denkt a se und schaut a ganz daschreckt, als war wirklich wos b'sonders g'schehng g'wen.

S’KINDL FÜR UNS

Staad is aitzt en da Natur,
ganz weiß is all’s herg’richt,
d’Liab geht en Mensch’n,
obwohl ma net davo spricht.

A heilige Zeit is o’kündigt
und a b’sondere Liab zum Kind,
des für uns Mensch’n
af d’Erd’n abakimmt.

D’Seel is vom Herrgott’n,
doch s’Fleisch is schnell davo,
a so is uns zoagt word’n,
fast vor 2000 Jahr.

Wer des all’s glaub’m ko,
den druckt d’wahr Liab
ens Herz,
doch wer’s net glaubt,
den druckt nix als a Schmerz.

ZUR WEIHNACHT

Wem Gott das Herz
mit Liebe tränkt,
erkennt »Weihnacht«
als Geschenk.
Niemals versucht
er Böses zu tun,
denn Liebe wird
in seinem Herzen ruh’n.

Er wird nicht vom
Reichtum geblendet
und wenn er noch soviel hat.

Im Herzen spürt er Heiligkeit,
viel Freude, die ihm stets bereit,
tränkt andere Herzen
mit Liebe und Freud,
in der schönen Weihnachtszeit.

S’KINDL IS WIEDA KUMMA

Staad is d’Zeit word’n,
ganz selt’n waht a biß’l a Wind,
doch des duat se schnell ändern,
wenn da erste Schnee daherkimmt.

Ganz weiß wird all’s herg’richt,
ganz rein für unsa Kind,
des heuer wieda, wia alle Jahr,
af d’Erd’n abakimmt.

Es bringt d’Liab zu uns Mensch’n,
man g’spürt’s z’tiafst drinn im Herz,
viel Freud schenkt’s uns,
man g’spürt’s a am Schmerz.

Es will uns alle rett’n,
des kloana Jesuskind,
des uns da Himm’lvata geb’m hot,
im Stall, en da Kripp’n drinn.

Es hot s’Liacht zu uns ababracht
und d’Hoffnung af a ewig’s Leb’m,
a so wia’s an Weg ganga is,
wird’s a mit uns amol g’schehng.

WEIHNACHT KOMMT

G'spürts es,
wia des Herzerl aitza brennt?
Wia se d'Liab mit da Seel vo'bind't,
für des kommende Christuskind.

Schaut's nur auße,
wia's draußt schneit,
all's wird weiß,
für d'Weihnachtszeit.
Gebt's euch d'Händ
und habt's euch liab,
daß es goa
des Kindl g'spürt.

Schenkt's euch weng
und sat's z'fried'n,
na find's an Weg
zum Christuskindl hin.

Da Reichtum,
der is goanix wert,
der vo'geht
do af da Erd.
Wer aba Gottesliab
im Herz hot drinn,
der erkennt
den wahren Weihnachtssinn.

A LIAB ZUM KINDL

Wer woaß scho, warum uns da Himm'lvata grad mit so an kloana, schwach'n und unschuldig'n Kindl g'rett hot?
Es hot uns Mensch'n soviel Liab und Liacht bracht, do muaß uns ja da Himm'lvata liab'm.
Ganz arm und unschuldig is uns g'schenkt word'n, und af Heu und Strouh hot's en a alt'n Holzkripp'm lieg'n müaß'n.
Net amol Wind'ln hot d'hl. Muatta g'habt, sondern bloß a boa alte Hadern, denn s'Kindl is ganz arm und nackat af d'Welt kumma. Man hot's a nirgends einelass'n, wia's a warme Stub'm g'suacht hab'm, bis na endlich an Stall g'funna hab'm, und ausgerechnet dort is des Kindl af d'Welt kumma, des uns soviel Liab und Hoffnung af d'Erd'n bracht hot.
Es hot uns Mensch'n soviel Liab bracht, und trotzdem gibt's oa, de braucha des Kindl s'ganze Jahr net, ja oft ihr ganz Leb'm net.
Mir leb'm einfach z'guat und durch den Wohlstand moant ma, s'Kindl liabt uns sowieso, weil's uns ja guat geht.
Wer denkt a en da heutig'n Zeit a scho dro, daß ma ganz nackat und ohne Tasch'n wieda fort müaß'n, vo dera Welt, denn des letzte Hemat hot ebm amol koa Tasch'n. Bloß d'Liab, und nix als d'Liab, und da Glaub'm an s'Kindl kumma bei unsam Himm'lvata o, denn des andane, schwächliche, vo uns ko a net braucha.

S’WEIHNACHTSG’SCHÄFT

Wia se d’Leut en da Stadt
mit de Pack’l aberaffa,
sie hab’m soviel ei’ka’ft,
daß es nimma dala’fa.

Sie schlepp’n se
vo Stand zu Stand,
vo de Schuah zu de Sock’n,
dazwisch’n duat’s na a
da Schmuck wieda o’lock’n.

Na gibt’s wieda an Rumpla,
amol vo hint und na vo vorn,
dabei hätt’ns beinah
a boa vo de Pack’l vo’lor’n.

Da Vata, da arme,
schlogt se damit
na zum Auto durch,
all’s wird no vollpackt,
vo hint’n bis vorn.

Schnell wird na ganz heimlich
en Geldbeut’l ei’g’schaugt,
ob de Finanzlage
no wos dalaubt.

Und wenn’s na glaub’m,
sie hab’m all’s beinand,
na entdeckas,
es fehlt no a G’wand.

Des all’s is na Weihnacht’n,
aus viel Pack’l duat’s b’steh
und d’Wahrheit,
wia’s wirkli war,
dan’s ka’m vo’steh.

Und fragst as, wos graigt hab’m,
dann war Weihnacht’n sche,
vor lauter Pack’l
könna’s nix mehr vo’steh.

HOST AS KINDL SCHO VO'GESS'N?

All's Leb'm,
seit s'Jesuskindl gebor'n,
hot se ka'm g'ändert,
hot nix vo'lor'n.

Da Schnee liegt no am Ast'l,
da Rauhreif is no do,
a d'Gräser en Gart'n
san no weiß, wia a jed's Jahr.

D'Eiszapfa an de Fensta
tröpf'ln am Bod'n
und Eisbluma, so schöne,
hot's an d'Glasscheib'm
hi'g'fror'n.

D'Vogerl hab'm Hunga
und vo'stecka se en de Äst,
s'kloane Kindl am Fensta
lurrt auße, daß es sehgt.

All's is no gleich blieb'm,
fast wia vor 2000 Jahr,
doch da Mensch hot se g'ändert,
en dene boa Jahr.

Da Wohlstand und da Reichtum
san eahm dazwisch'n g'foahr'n,
dabei hab'ms abl mehr
und mehr des Kindl vo'lor'n.

Viel hab'ms a scho vo'gess'n,
a des Liachtl, de Liab,
daweil schenkt's soviel,
weil's abl no blüaht.

S’RINGERL

A Weihnachtsg’schenk für mein Schatz,
a schön’s Ringerl ho i g’ka’ft
und nacha vo’steckt,
daß ma nermand kummt draf.

Wia da Heilig Abend do is,
will i des Ringerl hol’n,
doch i ko’s net finna,
hab’ms ma’s eba g’stohl’n?

A jede Tasch’n,
s’Nachtkastl und an Schrank,
all’s suach i durch,
schogar s’drittemol mei G’wand.

Doch i ko’s net finna,
net um viel Geld,
des Ringerl, des schöne,
des ma aitzt fehlt.

Na ho i halt heua
für mein Schatz nix do,
weil i mei Ringerl
einfach net finna ko.
Do kummt schnell no mei Schwester
und steckt ma a Packerl zua,
s'Ringerl, sche ei'packt,
flüstert's ma zua.

Und da woaß es wieda,
damit s'Ringerl koana sehgt,
hab es meina Schwester
zum Vo'stecka zuag'steckt.

A so find't se all's wieda,
denn s'Haus duat nix vo'lier'n,
schogar mei schön's Ringerl
duat mei Schatzerl aitzta griang.

IM LEB'M A BISS'L EBS SEHNG

I frog mi bloß,
warum soviel Mensch'n an dem Wunda vo'bei gehnga
und des Kindl net sehng,
des Liachtl net erkenna,
de Liab net g'spür'n?
Sie sehng a den Nachbarn net,
der a Hilf braucht,
des alte Muatterl net,
des a Ansprach braucht,
den Krank'n net,
der a Hoffnung braucht.
Bloß s'Leb'm is eah wichtig
und da Reichtum guat gnua.
Doch wia arm san solche Mensch'n,
de ohne Hoffnung amol sterb'm,
mit leere Tasch'n fort müaß'n,
ohne G'fühl,
ohne Liab,
ohne Inhalt,
ohne Freud,
ohne Herrgott'n,
ohne Kindl,
ohne Alls,
mit viel Angst.
Naa, liaba mit da Hoffnung zum Kindl in Liab leb'm,
wia mit offene Aug'n im Leb'm nix sehng.

WER HÄTT A DES DENKT

S'Christkindl is scho kumma, d'Wachskerz'n brenna so sche, und da kloa Franzl holt grad seine G'schenka vom Bam fira, wia da Bam plötzlich en Flammen steht. Vom Bam fall'n scho de erst'n brennend'n Ast'l am Bod'n, und innerhalb vo a boa Minut'n brennt s'ganze Zimmer. Glück g'habt hot da kloa Bua mit seine 6 Jahr, daß a grad no vom Zimma außekumma is. Glei hot a d'Tür zuag'schlog'n und rennt en d'Kuchl fire, denn dort wart'n seine Eltern mit'n Ess'n. „Mama, Mama, da Bam brennt!" war'n seine oanzig'n Worte, de a außabracht hot. Da Vata hot schnell an Gart'nschlauch en Keller o'g'schraubt und rennt scho mit afdraht'n Wassa d'Staff'l afe, wia d'Muatta a scho d'Feuerwehr o'ruaft. Doch zum Lösch'n hot's nimma viel geb'm, denn de guate Stub'm is ganz ausbrennt. D'Feuerwehr hot no Schlimmeres vo'hindern könna. Wia na da Brand ganz g'löscht war, is da Streit o'ganga, weil sie scho vorm Ess'n d'Kerz'n am Bam o'zund'n hot. Dann war plötzlich da Bua schuld und z'letzt da Vata, doch am Schluß des Streits war'n na d'Wachskerz'n schuld. Wichtig, man hot an Schuldig'n. Dann wird schnell wieda vo'gess'n, wos passiert war. Doch in welcher Gefahr eahna Bua war, af des san's goa net kumma, wichtig is doch, daß ma an Schuldig'n hot und s'Jahr draf werd'n halt na elektrische Liachta brenna, und man braucht a net afpass'n, daß wos passiert.

SCHE HERG'RICHT

All's is mit Schnee zuadeckt,
sche herg'richt, ganz weiß,
dort, wou a Wassa is,
all's überzog'n is mit Eis.

Schogar s'Vog'lhäus'l is
mit a Schneebaub'm überzog'n
und in einem fort,
wird ens Häus'l eineg'flog'n.

All's g'freit se afs Kindl,
des en Krippen duat lieg'n
und d'heilig Muatta duat's
ganz sanft einewieg'n.

Für'n Mensch'n
is s'Liacht word'n,
a Hoffnung afs Leb'm,
des Kindl, des kloane,
hot uns des geb'm.

Glei is unsa Leb'm anderst,
mit'n Kindl seina Liab,
mit'n Wiss'n, daß uns gern hot,
drum is s'Leb'm net so trüab.

S'CHRISTBAUMSTEHL'N VOR 15 JAHR

Am Sonntag vorm Hl. Abend bi i no schnell af Höfling um an Christbam afe. Da Spaziergang durch'n Wald war so wos schön's. D'Schneehaub'ma war'n überall af de Äst, und manchmal hot se a Ast'l vo dem G'wicht befreit und hot d'Schneelast abag'schütt'lt. Wia i am Jagdhäus'l o'kumma bi und scho a Zeitlang vorm Hoftor steh, siehg i einige Herrn hinterm Zaun, wia's eahnan Christbam aussuacha. Na ja, ho a ma denkt, s'gibt also doch no Christbam. Nachdem i scho a boamol ens Hoftor oneg'schlog'n ho, kummt endlich a Herr daher und fragt mi, wos i will. „An Christbam will i ka'fa", sog i zu eahm.

„So, an Christbam möchst du heut no ka'fa? Aber bei uns gibts koane Bam mehr, do hätt'st scho letzt'n Sonntag kumma müaß'n. Heut geht do nix mehr, do bist scho z'spät dro." Naja, g'scheit hot a ma g'stunga, no dazua, wo i g'sehng ho, daß g'wisse Herrn eahnan Bam no griagt hab'm. I bi na ganga und glei draf en oan Dickicht vo'schwund'n, des i am Herweg g'sehng ho. Es hot net lang dauert, na ho i mit mein kloana Tasch'nmesserl an schöna Bam o'g'fies'lt g'habt. Mit an Stückl alt'n Draht, den i g'funna ho, hab en na zammbund'n und hab me af 'n Hoamweg g'macht. Wia i grad an Burgweintinger Wald vo'lass'n will, steht af oamol da Jaga mit Hund vor mir und red't me o. Daschrocka bi a da vielleicht, meiliaba, doch i ho mi glei wieda dafangt. „Ja, sog amol", sagt a zu mir, „wou kummst an du mit dem schöna Bam her?" „Vom Haus vorn", sag i, „den ho i grod um 12 Mark ka'ft." „So, ka'ft host'nan", moant a, „heut werd'n aba koane Bam vo'kaft, den wirst halt en mein schöna Dickicht do vorn g'stohl'n hab'm!" Naja, mir is nix anders übrig blieb'm, als mitz'geh. Wia ma vorm Dickicht stehna, sagt a zu mir: „So, du bleibst aitzt a do steh, mei Hund paßt af di af, daß'd a dobleibst und i sog da na glei, wo'st den Bam o'g'schlog'n host!" Er is im Dickicht vo'schwund'n. Gottseidank san do no mehr Spur'n ei'ganga, so daß en af oamal goa nimma g'hört ho. A boamol ho i an Hund scho o'g'red't, doch am Anfang hot a ma bloß seine Zähn zoagt. Doch na ho i sein Nam daro'n, denn af Rex hot a g'schwanz'lt, und wia i eahm na no a Bonbon hi'g'worfa ho, is a scho zu mir herkumma und hot se streich'ln lass'n. Es hot nimma lang dauert, na war i mit mein Bam und an Hund scho am Hoamweg, und wia i na koa Bonbon mehr g'habt ho, hot da Rex umdraht und is zu seim Herrn z'ruckg'lofa und i bi mit mein Bam guat hoamkumma, und g'hört ho i damals vom Jaga a nix mehr. Dem wird da vielleicht g'scheit g'stunka hab'm, weil mi da Hund fortlass'n hot.

WEIHNACHT IS VO’BEI

Weihnacht is sche umeganga,
ganz weiß war all’s herg’richt,
aitzt wou s’Kindl do is,
gibts für uns Mensch’n gnua Liacht.

Nimma lang dauert’s,
na is s’alte Jahr vo’bei,
min Kindl, min kloana,
wirds Jahr draf recht leicht.

Da Glaube, d’Hoffnung
und d’Liab aitzt vom Kind,
macht all’s viel leichter,
wenn s’neue Jahr na beginnt.

Glei kummt na da Fasching,
wou ma s’Kindl wieda vo’gißt,
doch a de Zeit geht ume,
am Aschermittwoch is g’wiß.

Na kummt scho wieda Ostern
und s’kloa Kindl vo damals muaß sterb’m,
es wird an s’Kreuz oneg’schlog’n,
daß mir Mensch’n g’rett werd’n.

Weitere Bücher aus unserem Sortiment 

Toni Lauerer
Alle Jahre zwider
Vergnügliche Weihnachtsgeschichten
1. Auflage 2024, 160 Seiten,
Format 13,5 x 20,5 cm, Hardcover
ISBN 978-3-95587-438-4 · Preis: 16,90 €

Hörbuch:
1. Auflage 2024, Spieldauer: 79 Min.
ISBN 978-3-95587-439-1 · Preis: 16,90 €

Alfons Schweiggert
Weihnachtsmärchen aus Bayern
1. Auflage 2024, 152 Seiten,
Format 13,5 x 20,5 cm, Hardcover
ISBN 978-3-89251-550-0 · Preis: 19,90 €

Pius Detterbeck
hg. von Wolfgang, Roland und Franziska Detterbeck
Advent, Advent
Mundartgedichte und Geschichten
zur Weihnachtszeit
1. Auflage 2023, 108 Seiten,
Format 13,5 x 20,5 cm, s/w bebildert, Hardcover
ISBN 978-3-95587-823-8 · Preis: 17,90 €

Pius Detterbeck
hg. von Wolfgang, Roland und Franziska Detterbeck
Staade Zeit
Mundartgedichte und Geschichten
zur Weihnachtszeit
1. Auflage 2022, 112 Seiten,
Format 13,5 x 20,5 cm, s/w bebildert, Hardcover
ISBN 978-3-95587-812-2 · Preis: 16,90 €

Battenberg Gietl Verlag GmbH
Pfälzer Straße 11 · 93128 Regenstauf
Tel. 0 94 02 93 37-0
E-Mail: info@battenberg-gietl.de